Bruno-Paul De Roeck

Dein eigener Freund werden

Wege aus der Lauernuß

Aus dem Holländischen
übersetzt von Kirsten Wieland
und Helmi Raatschen

Burckhardthaus-Verlag · Gelnhausen

Das Bild auf dem Umschlag hat Julie-Anne de Roeck
(5 Jahre) gemalt.
»Julie-Anne fiel auf's Kinn und mußte im Krankenhaus
genäht werden. Am selben Tag fiel sie noch dreimal mit
ihrem Fahrrad hin. Sie schürfte sich die Knie, Arme und
Hände auf. Am Abend fiel ihr ein schweres Brett auf den
nackten Fuß: Prellung am großen Zeh und der Nagel ein-
gerissen. Was für ein Tag! Schluchzend kroch sie in
Hannekes Arme.
Ohne Übergang rief sie weinend mit entrüsteter Stimme:
'Wie wird Glas gemacht? Und wie wächst ein Samenkorn
denn eigentlich? Und Kartoffeln? Und wie baut man ein
Haus? Ich weiß das alles nicht! Und wo kommen die Vögel
her und die ganze Welt: Wie geht das alles?'
Am nächsten Tag bekam ich von ihr eine Zeichnung. Sie
sieht aus wie eine Mandala*. Ein kleines Kind in einer
großen Welt!«

Die Abbildungen und Illustrationen sind vom Autor.

* Mandala =   mystisches Kreis- oder Viereckbild der
              Buddhisten, symbolische Darstellung des
              Persönlichkeitszentrums.

© 1983 by Burckhardthaus-Laetare Verlag GmbH,
Gelnhausen
Lektorat: Bertram Weber, Celle
Satz: von Westarp, Mülheim/R
Druck: F.L.Wagener, Lemgo
Buchbinderei: Klemme & Bleimund, Bielefeld

CIP-Kurztitelaufnahme der Deutschen Bibliothek

Roeck, Bruno-Paul de:
Dein eigener Freund werden: Wege aus d. Lauernuß. /
Bruno-Paul de Roeck. Aus d. Holländ.
übers. von Kirsten Wieland u. Helmi Raatschen. –
Gelnhausen: Burckhardthaus-Laetare Verlag, 1983

ISBN 3-7664-9180-6

Inhaltsverzeichnis

3. Psychoanalyse und Gesellschaft

4. Gestalttherapie und Emanzipation

5. Gestalttherapie und Marxismus

6. Gesellschaftliche Veränderungen und persönliche Integration

Vorwort
Die Lauernuß

I.

Ein kleiner Junge wohnte in einem großen Eckhaus, vier Stockwerke hoch. Unten im Haus war das Geschäft: Ein Gemüseladen. Da wurde gearbeitet vom frühen Morgen bis spät abends.

Seine Mutter füllte das ganze Haus. Mit ihrer Stimme. Mit ihrer Autorität. Mit ihrer Frömmigkeit. Ihrer Menschenliebe. Ihrem Gebet und ihrer Klugheit.

Sie hatte alles in der Hand. Sie empfing Kunden und Vertreter. Sie kontrollierte seine Ohren, ob sie auch sauber gewaschen waren. Das waren sie nicht.

Sie erkundigte sich streng, wieviel Blatt Papier er zum Po abwischen genommen hatte. Er sagte: Zwei. Es waren fünf gewesen.

Sie erzählte bis in alle Einzelheiten, wie sich die Geistlichen in ihrer Gemeinde zu verhalten hätten und wie sie es unter den gegebenen Umständen viel besser machen könnten. Und wenn sie zu sagen hätte, würde nicht das geschehen, was jetzt geschah.

Sie hörte ihm seine Lektionen ab und unterschrieb seine Zeugnisse, die schändlich ungenügend waren. Du wirst es nicht weit bringen, sagte sie. Sie las heimlich sein Tagebuch. Und wenn er abends eingeschlafen war, kam sie und schaute unter seiner Bettdecke nach, ob er auch die Hände über der Brust gekreuzt hatte und nicht im Rücken. Das Kreuz ist das Zeichen des Christen.

Sie füllte das ganze Haus. Sie kroch ihm unter die Haut. In die Hose. In seine Gedanken. Sie erforschte seine Augen und Ohren bis auf den Grund.

II.

Da hat er sich seine Lauernuß erfunden und gebaut. Nicht ohne Erfolg.

Das Rezept ist wie folgt:

'Man nehme eine Nuß (eine große Walnuß ist geeignet) und krieche hinein.

Dann bohre man von innen mit einer Bohrmaschine ein ganz kleines Loch, durch das man rausgucken kann. Das man aber auch mit einem Finger wieder ganz verschließen kann. Man gucke, wenn man will, kurz hindurch... Und mit dem Finger auf dem Loch hat man die Sache gleich wieder unter Kontrolle.

Etwas später kann man ein zweites Loch bohren, mit demselben Bohrer. Wieder von innen nach außen. Das sogenannte Hörloch, das man mit einem zweiten Finger abdecken kann. Man horche oder horche eben nicht, je nachdem... Mit dem Finger auf dem Loch hat man die Sache wieder unter Kontrolle.'

Die Lauernuß war genial. Zum Überleben. Besser einsam auf einer Insel leben, als vom Meer verschlungen werden. Besser ein Wurm in einer Nuß sein, als ein Muttersöhnchen. Er füllte die Nuß. Sie füllte das Haus.

III.

Er guckte durch das Guckloch und sah, was sie machte. Aber er zeigte sich nicht.

Er gab ihr aus seinem Versteck heraus gute oder schlechte Noten.

Noten für Aufrichtigkeit, für Nächstenliebe, Gebet und Klugheit.

Er zählte die schlechten Punkte der Scheinheiligkeit zusammen, und was dabei rauskam, war die Zensur, die sie bekam.

Manchmal bekam sie eine vier. Manchmal eine zwei. Manchmal eine sechs. Aber sie selbst bekam ihr Zeugnis nicht zu sehen. Das gehörte in die Welt der Nuß, zu der sie keinen Zutritt hatte. Er füllte die Nuß. Sie füllte das Haus.

Sie füllte das ganze Haus aus.

Er dachte sich bis in alle Einzelheiten aus, wie sie sich zu verhalten hätte. Wenn er zu sagen hätte, würde nicht geschehen, was jetzt geschah. Er verfolgte kritisch alle Windungen ihrer Gedanken. Er erforschte aus seiner Taucherglocke heraus ihre Augen und Ohren und den mädchenhaften Höflichkeitsknicks ihrer rechten Hüfte. (Verwirrend war dieser Schlenker. Einmal unschuldig wie bei einer Erstkommunikantin. Dann wieder vulgär oder geil. Mal Ausdruck von Achtung. Ein anderes Mal sarkastische Verhöhnung.) Aber er ließ sich nicht anmerken, was er gehört oder gesehen hatte.

IV.

Sie wußte sich oft keinen Rat mehr. »Ich weiß nicht mehr, was ich von dir halten soll. Du entgleitest mir.« Sie fühlte sich als Verlierer: »Du bist nicht zu fassen, wie ein Aal in einem Eimer Rotz.« Er schaute durch das Guckloch. Horchte durch das Hörloch. Dann verstopfte er jeweils mit einem Finger das eine Loch und mit dem anderen Finger das andere und atmete erleichtert auf.

ENTWEDER DU ... ODER ICH ...

Lieber einsam auf einer Insel, als vom Meer
verschlungen zu werden.

1. Die Therapie

Das Leben therapiert sich selbst

Ich selbst finde, daß Wörter wie Therapie, Therapeut, Gestalttherapie, häßliche Wörter sind. Aber ich brauche sie, weil mit diesen blöden Wörtern immer wieder auf Dinge hingewiesen wird, die wichtig sind für mich.

Es gibt viele Dinge, die therapeutisch wirken können, z.B. Sehen, daß du nicht der einzige bist, der unter Druck steht – einen Abend verbummeln mit netten Leuten – das Sterben eines geliebten Menschen – Umgang mit Katzen – ein Titel aus der Musikbox oder ein Kirchenlied – ein Gespräch mit der Nachbarin – ein Urlaub in der Provence – ein Urlaub zu Hause – Kinder – keine Kinder – schmusen – eine Zeitlang nicht schmusen – Blumen pflegen – Zusammenleben mit jemand – nicht zusammenleben mit jemand – aufmerksam über den Fußboden gehen – spielen wie ein Kind – Teppichklopfen und dabei singen: Oh mein kleines Mamachen, sag es nicht dem Papachen oder einfache alte Volkslieder, wie das aus Antwerpen:
»Liedchen von Sofie«

Ich kenn' ein Liedchen von Sofiechen
sie ist geboren auf dem Turm
von Madam der Bratpfann'.
Eins, zwei, drei Hosenscheißerei.
Ich scheiß besser in die Hosen als du.

(Dies Lied antwortet den Leuten, die beim ich-besser-als-du-Wettbewerb mitmachen. Shakespeare drückt das natürlich anständiger aus, als das Volk von Antwerpen:
To be the best or not to be, that is the question.)

Die Therapie-Ecke

Als Kind lebte ich mit meinen Eltern in der Stadt, in einem wimmelnden Nest voller Schwestern, Brüder, Dienstmädchen und Arbeiter: Antwerpen.

Unser Wohnzimmer war nur durch eine Glastür getrennt von einem Geschäft voller Kunden und auch die Tüllgardinen boten nicht genug Schutz für eine persönliche Lebensphase. Ja Frau M., vielen Dank Herr K., merci, auf Wiedersehen, au revoir gnädige Frau und tausend Mal das gleiche: Schönes Wetter heute, schlechtes Wetter heute, wie geht es Ihnen? Das leere Geschwätz der Kunden. Aber solange sie Geld in der Tasche haben, darf man ihnen nicht vorwerfen, daß sie kein Hirn im Kopf haben!

Die Straßenbahnhaltestelle war direkt vor unserer Haustür. Jedesmal wenn eine Straßenbahn anhielt, schienen die Bremsen offensichtlich nicht mit Öl sondern mit Essig geschmiert worden zu sein. Und wenn sie dann endlich stand, stieß sie noch drei fromme Seufzer aus: pff, pff, pff.

Bis zwölf Uhr nachts war das Geschäft geöffnet, um nach der letzten Kinovorstellung noch ein paar Kunden aufzufangen, die immer wieder nervös nach draußen schielten, ob die Straßenbahn nicht endlich käme... um dann mit einem Mal, mit oder ohne Tüte unterm Arm, mit oder ohne Wechselgeld aus der Tür zu stürmen, wenn das elektrische Ungeheuer seine drei rituellen Seufzer ausstieß...

Um halb eins fuhr die letzte Bahn. Aber ruhig wurde es auch dann nicht. Dann kamen alle über Tag eingesetzten Bahnen vorbei. Manchmal vier, fünf hintereinander. Ohne anzuhalten. Sie fuhren ins Straßenbahndepot am Ende der Stadt, um saubergemacht und überprüft zu werden.

Ungefähr um drei Uhr erwachte das Haus wieder. Eine elektrische Klingel warf die Arbeiter, die im Dachgeschoß schliefen, aus ihren Kojen. Fünf Minuten später stolperten sie die hölzerne Treppe runter und eine halbe Stunde später dröhnte das ganze Haus vom

Lärm der Brotteigmaschine. Ungefähr um halb fünf
kamen die Straßenbahnen wieder. Zuerst die ganze
Flotte hintereinander, in einer Prozession und kurz
danach die Fahrplanmäßige, die nur eben anhielt, um
ihre drei frommen Seufzer von sich zu geben.
»Schnell Junge, vorwärts! Lauf!« war die Losung in
unserem Haus. Mit anpacken: Wer nicht arbeitet,
bekommt auch nichts zu essen. Laute Stimmen. Nur
selten Raum, um zu sich selbst zu kommen.
Ich erinnere mich, wie ich mich als fünfjähriges Kind
manchmal ganz oben im Hinterzimmer versteckt habe,
wo eine rotkupferne Waschmaschine auf zinkenem
Bodenbelag stand. Am liebsten an den Sonntagen.
Dann war es ruhiger im Haus. Da hatte ich ein Kistchen
mit Erde hingestellt und Kirsch- und Pflaumenkerne
reingepflanzt. Ich saß stundenlang da und schaute, ob
sie denn nicht zu sprießen begännen.
Später bekam ich ein eigenes Zimmer. Es stand bald
voll mit Blumentöpfen. Zum Schluß waren es neunund-
fünfzig. Und dann die Goldfische, die ich selbst aus
dem Teich gefischt hatte. Und Vögel: Finken und ein
Spatz, den ich mit Hilfe meines Großvaters herein-
geschmuggelt hatte. Aber besonders wichtig waren

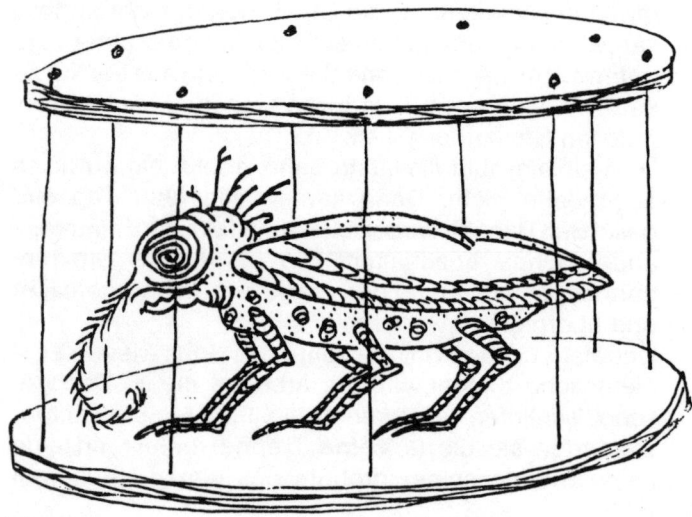

die Fliegen, für die ich kleine Käfige aus Korken und Stecknadeln machte. Nicht um sie einzusperren, sondern um sie immer bei mir haben zu können, als winzige Vögelchen (und keiner wußte es!), als Leben, das von innen her und ohne Elektrizität angetrieben wird. Wahrscheinlich haben viele Menschen so eine Ecke mit einfachen Sachen. Um nicht verrückt zu werden vom Getöse der technischen Fanfare. Um nicht, wie das Schwungrad bei uns zu Hause, durch den Schlag der Lederriemen aufgerüttelt zu werden und sich dann drehen zu müssen in einem Kreis ohne Ende.

Denn eh du es merkst, ist deine Seele zermahlen: Der Lärm der Straßenbahnen und Motoren wird dir in die Ohren gebrannt. Der Angriff sachlicher Menschen schneidet dir, eh' du es merkst, die Finger ab, so daß du nicht mehr fühlen, tasten oder streicheln kannst. Die Gase schleichen sich dir in die Lungen. Das Chaos sticht dich, bis du ausläufst, und du es nicht mehr wagst, ein eigenes Liedchen zu singen.

Eine Ecke für einfache Dinge: Damit du nicht abgetrennt wirst von deinen Wurzeln, von deinen Träumen, von dem, was hinter dir liegt, von deinem Nabel, von den Vögeln und den Fliegen, vom Kirschkern, vom Goldfisch, der den Abendhimmel in Brand setzt, von Lichtlöchern in der Nacht.

Eine Therapie machen oder leben?

– »Wie war eigentlich deine Beziehung zu deinem Vater? So allergisch wie du auf Autorität reagierst! Das hängt doch sicher damit zusammen. Und mit deiner Mutter hast du übrigens wohl auch noch einiges zu bereinigen. Warum machst du nicht mal eine Analyse? Und all die Jahre, wo du in der Zwangsjacke des Strebens nach Vollkommenheit gesteckt hast, meinst du, die sind so spurlos an dir vorübergegangen? Achte mal auf die Verkrampfung in deinem Becken und in den Schultern. Warum machst du nicht ein paar Jahre Bioenergetik. Als Therapeut kannst du das doch von der Steuer absetzen unter 'Ausbildungen'.«

– »Ihr könnt mir alle mal den Buckel runterrutschen. Ich behalte eine Menge von meinen alten Sachen. Okay. Nehmt mir meine Neurosen nicht weg. Sie sind meine Geschichte. Meine Wurzeln. Meine Genialität. Ich will die verheilten Wunden aus früheren Kämpfen mit ins Grab nehmen. Die Würmer müssen dann eben drum-herumnagen!«

Diese Verzweiflung erleichtert mich! Denn ich will leben. Das ist mir mehr wert als: So werden, wie ich sein müßte. Leben. Mit meiner Invalidität. Mich nicht immerzu unbedingt ändern müssen, weil ich zu dick oder zu dünn bin. Zu abhängig oder zu herrisch. Ich will mich nicht jahrelang fünf Mal in der Woche aufs Sofa legen, so wie J. oder R. oder X.Y.Z. Denn nach all den Jahren werden wir noch mehr entdeckt haben, was an mir verkehrt ist, wofür ich mich dann wieder jahrelang aufs Sofa legen muß usw. Da züchte ich noch lieber richtige Bandwürmer.

Wer weiß denn, ob ich vor meinem 65sten Jahr mit all den Therapien fertig werde. Und dann bin ich 65! Und fast verbraucht. Ich will jetzt leben. Mir nicht jahrelang das Leben schwer machen. Jetzt genießen. Blumen rausstellen. Manchmal ausschlafen. Dinge tun. Spaß haben an meiner Arbeit. Mit Julie-Anne und Lene ins Kino gehen. Aschenputtel gucken und dann zum Chi-nesen, alle zusammen. Zeit haben, um in meiner Küche rumzuwerkeln. Es vor sich hin kochen lassen. Meinen eigenen Weg bauen . . . «

Methoden als Therapie

Man hat für Therapien verschiedene Methoden ent-wickelt. Die brauchen wir, wenn wir aus irgendeinem Grunde die genesenden Kräfte aus unserem normalen Leben nicht herausholen und auch nicht anwenden können. Oder wir greifen zu den Methoden, wenn die Umstände in denen wir leben (Arbeit, Wohnung usw.) so unmenschlich und verfremdend sind, daß wir dadurch verwirrt werden.

Wir können oft auf Methoden und Übungen nicht ver-zichten. Nicht, daß sie so gut für den Patienten wären, nein, aber der ängstliche Therapeut braucht sie, um in dieser unsicheren Situation nach Strukturen greifen zu können. Strukturen, an die er sich halten kann. Warum nicht? Du kannst dich nicht nur an deiner Pfeife festhalten.

Gute Methoden sind m.E. wie das Leben selbst: Ein gutes Gespräch mit Fremden, sich gehen lassen, Teppich klopfen und dabei singen: Oh mein liebes Mamachen . . ., der Weisheit oder der Dummheit in einem Liedchen kurz mal seine ganze Aufmerksamkeit schenken, allein sein, zusammen sein, Urlaub, Schmerz und Kummer in uns erleben, über die Erde gehen, Kinderspiele, usw. Die Methoden, die davon weit entfernt sind, sind für mich ziemlich unglaubwürdig. Sitzungen, in denen der Therapeut viel mit dir anstellt und dir sagt, wie du bist und wie du sein solltest, Elektroschocks zum An- oder Abgewöhnen von verkehrten Verhaltensweisen, 'Sitzungen', in denen nicht gelacht, geflucht, geraucht oder genascht werden darf, in denen du nicht 'flüchten' darfst, weil das 'falsch' ist, Hindernisse durch- 'brechen', Masken abreißen, Verkrampfungen lockern, Behandlungspläne, Diagnosen.

Gefährliche Methoden

Methodische Therapie hat eine Menge Nachteile. Erstens kostet sie für den Normalbürger viel Geld. Zweitens ist es eine schräge Sache, die Rolle des gesunden Menschenverstandes einfach einem Fachmann zu übertragen.

Damit überläßt du einem Außenstehenden viel Macht über dein eigenes Leben. Dazu kommt noch, daß es gefährliche Therapeuten gibt. Und sind nicht die ungefährlichen besonders gefährlich? Haben die gefährlichen nicht manchmal auch gute Ergebnisse vorzuweisen? Es gibt Therapeuten, die dich vom Bettnässen erlösen, indem sie dir Asthma beibringen. Die dich von deinen Verwandten etwas unabhängiger machen, dafür aber abhängig von sich. Und sie sind nicht mal verwandt mit dir!

Die dich von der einen Angst erlösen, um dich in eine andere zu stürzen, wahrscheinlich subtiler, aber mindestens genauso schlimm. Sie können aus jemandem mit einem Putzzwang eine zwanghafte Schlampe machen. Und die Haussklaven, die meinen durch die Therapie frei geworden zu sein, die dann alles und jeden und sich selbst apathisch verkommen und verdrecken lassen!

Drittens passiert es nur allzu schnell, daß wir der Therapie soviel Aufmerksamkeit schenken, daß wir nicht mehr genügend auf die heilsame Kraft der Dinge achten, die in uns und um uns herum einfach da sind. Die stärkende Kraft des Lebens. Die oft gesundende Demütigung durch Angst, Krankheit, Sterben.

Warum sollte ich in einem technisch perfekten Rollstuhl zu dir kommen, solange ich meine Beine gebrauchen kann?

Warum sollte ich mit der Taschenlampe meiner Theorien leuchten, solange die Sonne scheint? Gib mir Zeit, damit ich einige Schritte auf dich zugehen kann und du mich sehen kannst, solange meine Sonne scheint. Kurz bei dir sein – und dann wieder nicht bei dir sein – Leben und dann wieder sterben – das ist für mich mehr als eine gute Technik. Mehr als die matten Augen aller Taschenlampen zusammen.

Eine Schule

Man könnte Therapie auch als eine Form von Unterricht betrachten. Selbsterziehungsschule. In der du durch Erfahrung lernen kannst, daß es außer der Art, wie du es jetzt machst, noch andere gibt. Daß du anders mit deinem Partner, mit Geld, mit Bier, mit Gesellschaftszwängen, mit Angst haben, allein sein, usw. umgehen kannst.

Daß du dich nicht unbedingt den Erwartungen zu unterwerfen brauchst, die Eltern, Freunde oder Verlobte oder die Gesellschaft an dich stellen. Daß noch andere Lebensweisen möglich sind. Mit denen du dich vielleicht wohler fühlst.

Die meisten Probleme können die Leute ganz gut selbst erkennen und bewältigen. Wenn du erstmal erkannt hast, wie du dich selbst behinderst und du dir deshalb keine Vorwürfe machst, dann schaffst du es schon herauszukommen. Therapie ist dann eine Schule, in der du von innen heraus lernst, indem du deinen Erfahrungen Aufmerksamkeit schenkst. Also nicht indem du eine Menge Weisheiten anderer Leute in dir hamsterst. Entfaltung aus eigener Entscheidung heraus. Und nicht aus dem, was andere für so heilsam für dich halten.

Ein Beispiel: Ich bat eine Gruppe Studenten folgendes zu tun: Jeder von euch sagt jetzt mal zu einer anderen Person fünf Dinge, die er tun muß. Der andere soll nur mit JA antworten. Und sie fingen an, in Zweiergruppen: »Ich muß dringend das Gästezimmer anstreichen. Ich muß mehr Fachliteratur lesen. Ich muß was an meiner Doktorarbeit machen. Ich muß Geschenke für Weihnachten kaufen.« Und so weiter.

Ich fragte jeden einzelnen dann: Was spürst du in deinem Körper, während du all das Müssen aufzählst? Ich notierte, was sie sagten: »Ich halte den Atem an – ich verkrampfe meine Hände ineinander – Ich wechsle mehrmals von einem Bein aufs andere – Ich gucke weg. Raus. Durch das Fenster – Ich fühle einen Druck auf der Schulter, und daß mein Nacken steif ist – Ich kneife den Po zusammen – Ich habe einen trockenen Mund.« Und so weiter.

Dann bat ich sie das Experiment noch einmal zu machen. Dieselben fünf Muß-Dinge zu wiederholen, aber am Ende jedes Satzes zu sagen: »Das ist eine Tatsache.« Zum Beispiel: »Ich muß dringend das Gästezimmer anstreichen, das ist eine Tatsache.« Oder am Ende jedes Satzes im selben Atemzug das Wort: Punkt, hinzuzufügen und dabei mit der Betonung und dem Atmen auch wirklich einen Punkt dahinterzusetzen.

Zum Beispiel: »Ich muß dringend das Gästezimmer anstreichen, Punkt.« Die, zu denen sie es jetzt sagten, sollten jedesmal antworten: »Punkt. Und du kannst es tun oder es lassen. Das beschließt du selbst.« Und sie fingen wieder an. Nach einiger Zeit fragte ich: Was spürst du in deinem Körper, während du jetzt all das Müssen aufzählst? Ich notierte in einer zweiten Spalte, was jeder von ihnen sagte: »Ich atme wieder leichter – Meine Hände bewegen sich ganz locker – Ich schaue nicht mehr weg, aus dem Fenster – Ich muß immerzu über mich selbst lachen. Das wirkt so relativierend. – Mein Nacken ist nicht mehr so steif. . . .«

Das ist lernen. Neben der Lebensweise, die du schon kanntest – in diesem Fall eine Art des Müssens – eine neue ausprobieren. Dann herausfinden, was die eine und was die andere Art für dich bedeutet. Die erste Spalte. Die zweite Spalte. Punkte setzen bis ins Atmen hinein. Erleben, was ein Punkt 'macht'. Erfahren, welche Bedeutung Kommata und Fragezeichen haben.

Was macht man eigentlich in der Therapie?

Es gibt zwei Dinge, um die sich wie ich meine in der Therapie fast alles dreht: Grenzen und Grenzen.

1.) Die Normen, das Müssen, Druck von außen, die Vorwürfe kurz alles, was von außen auf dich einwirkt, zu *Tatsachen* machen.
Ich bin hier. Die Forderungen oder Vorwürfe oder Regeln, wie ich leben soll, sind dort. Zwischen hier und dort ist eine Grenze. Das, was ich annehme, was über meine Grenze kommt, wird mein, wenn ich es will und bleibt draußen, wenn ich nein sage.
2.) Dem was *ist* meine Aufmerksamkeit schenken. Ich bin ich. Du bist du. Deine Vorwürfe sind deine Vorwürfe. Punkt. Die Normen meiner Eltern sind die Normen meiner Eltern. Punkt. »Was sich gehört« kann ich kritisch prüfen an dem, »was zu mir gehört«.

Das klingt alles sehr einfach. Ist es auch. Aber mit der Erziehung, die wir genossen haben und mit der Art, wie wir gewöhnt sind zu leben, ist es nicht einfach, einfach zu sein.

Wie gehst Du mit den Normen und Regeln um, die Dir angeboten oder aufgezwungen werden?

NORMEN

DIE

von

außen

auf

dich

ZUKOMMEN

RELIGION
ELTERN
KIRCHE
WERBUNG
SCHULE
ERZIEHUNG
MODE

Wie gehst du damit um?

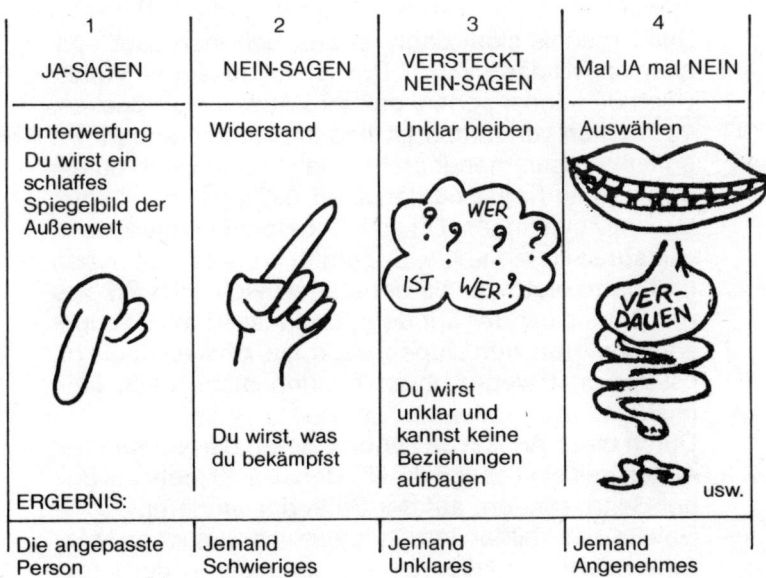

1	2	3	4
JA-SAGEN	NEIN-SAGEN	VERSTECKT NEIN-SAGEN	Mal JA mal NEIN
Unterwerfung	Widerstand	Unklar bleiben	Auswählen
Du wirst ein schlaffes Spiegelbild der Außenwelt		WER? IST WER?	
	Du wirst, was du bekämpfst	Du wirst unklar und kannst keine Beziehungen aufbauen	VER-DAUEN usw.
ERGEBNIS:			
Die angepasste Person	Jemand Schwieriges	Jemand Unklares	Jemand Angenehmes

1. Du kannst immer nur »Ja« sagen und dich unterwerfen

Schlucken. Ohne zu kauen. Ohne zu wählen. Dein Benehmen wird ein Spiegel der Normen der Welt, in der du lebst. Und du hängst ganz schön impotent daneben. Vielleicht machst du dir sogar noch etwas von hohen Idealen vor. Aber hinter dieser Vorspiegelung von Idealen sind deine Stimme und deine Eingeweide einfach tot. Immerzu darauf achten, was andere wohl gut und richtig finden. Nicht selbst schauen. Schauen, wie sie schauen und dich darauf einstellen. Und immer nur denken: Was denken sie jetzt über mich? Oder: Wie werden sie das finden? Und natürlich nicht überprüfen, ob es stimmt. Dein Benehmen nur danach richten, was du denkst, das sie es denken oder was sie von dir erwarten. . .

Braves Bürschchen. Immer wieder Ja-sagen zu der Welt der anderen. Und Nein zu deiner eigenen Welt. Zu deinen Gefühlen, deinen Bedürfnissen. Zu den Signalen, die aus deinem Körper heraus ihren Protest anmelden.

Das Ergebnis sieht dann so aus, daß man sagt: »Ja, aber ich will das wirklich! Das ist meine eigene Wahl!« Doch du kannst sehen, daß ihre Augen starr gucken, ihr Nacken verkrampft ist und ihre Zähne und ihr Po grimmig zusammengepreßt sind . . . Und wenn du ein wenig weiterfragst, bemerkst du, daß sie sich mit erhobenem Zeigefinger »Du sollst!« befohlen haben, dann verzagten Herzens »Ja, Superaffe« zugestimmt haben und dann erst lauthals behaupten: »Ich will.« So, wie der Bräutigam, der auf dem Standesamt mit Zahnpastalächeln (auf den Lippen) sagt: »Ja, ich will,« obgleich es nun mal wegen ihres Fünfmonatsbauches sein muß.

Durch diese Art von Ja-sagen werden die Normen der Außenwelt ein Teil von dir. Du stehst nicht mehr auf deiner Seite, sondern auf der Seite der »anderen«.

Gewisse Zerrbilder des Christentums versuchen Menschen dahin zu kriegen: »Du bist nicht in der Lage, selbst zu wissen, was gut für dich ist. Andere werden dir sagen, was gut und was böse ist. Iß nicht vom Baum der Erkenntnis von Gut und Böse. Sonst wirst du dich sehen, wie du wirklich bist: Nackt. Glaube nicht an dich selbst, denn du bist verderbt. Glaube an Gott, Papa, Mama, den Priester, den Papst, die Schule, die Bibel. Fühle dich weiter schuldig wegen all dessen, was du nicht bist und was du alles noch tun oder werden mußt. Das nimmt nie ein Ende.«

– »Ist dies ein Plädoyer, um Gott und das Christentum wie die Pest aus unserem Leben zu verbannen?«
– »Wenn du schmeckst, daß Gott für dich gut ist, warum solltest du ihn dann ausspucken? Warum solltest du ihn dann nicht wie Brot essen? Kauen. Stück für Stück. Wenn es eine Autorität gibt, die dir gut tut, warum solltest du dich dann nicht mit ihr ernähren. Kauen. Mit den Zähnen und im Magen selektieren. Zurückhalten, was zu dir paßt. Aber wenn du Autorität – oder Gott – einfach schluckst, dann sei nicht erstaunt darüber, daß dir etwas davon auf den Magen schlägt.«

Die Vorteile dieser Haltung: Du gehörst irgendwo dazu. Zu dem großen Club. Du bist so, wie es sich gehört. Die Gesellschaft klopft dir anerkennend auf die Schulter, die Lehrerin, Papa und Mama und die Menschen, die nach dem gleichen Rezept leben.
Du weißt woran du bist. Alles ist berechenbar. Dein Job. Dein Einkommen. Du baust an der Gesellschaft mit, so wie sie ist. Sie verspricht dir Sicherheit und Schutz, und du denkst eben einfach nicht darüber nach, ob sie dir diesen Schutz auch tatsächlich bieten kann.

Die Nachteile dieser Haltung: Du denkst in Begriffen wie: »Ist es gut? Ist es nicht gut? Werden sie es gut finden? Ist es nützlich? Habe ich mir heute Mühe gegeben und was ist daraus geworden? Wie sind die Ergebnisse? Habe ich mich ein wenig nützlich gemacht?« Anstatt zu denken: »Finde ich es schön? Fühl ich mich wohl dabei? Auch körperlich?«

Du atmest nur oberflächlich, mehr ein als aus und verringerst damit deine geistigen Fähigkeiten.

Ein Landstreicher, der schon sieben Tage nichts gegessen hatte, fiel halbtot vor Hunger und Müdigkeit auf einer großen Wiese an einem Abhang ins Gras. Zum Glück sah er dort ein paar Kühe weiden. Mit letzter Kraft versuchte er eine der Kühe zu melken. Er hielt sein Milchtöpfchen unter die Kuh und zog hastig am Euter rum. Nach einer halben Stunde hatte er eine halbe Tasse Milch. Die Kuh hatte wunde Zitzen.
Er schaute sich mit Verachtung und Wut das armselige Ergebnis seines Schuftens an. »Nicht einmal melken kann ich,« sagte er und schüttete den Inhalt des Töpfchens hinter der Kuh her, die voll Schmerz davonhumpelte.

So fängt es an, Menschen werden getrimmt, damit sie sich unterwerfen; damit sie auf ihre königliche Würde verzichten. Familie und Schule werden sie systematisch disziplinieren. Bis sie selbst finden, daß sie nichts gut können. So daß sie geeignet werden für eine Arbeit, die sie nicht befriedigt, sondern krank macht. So daß sie bereit gemacht werden für Fließbandarbeit, für die guten Ratschläge der Werbung, der Politiker, der Lehrer, der Sozialarbeiter. Ein teurer Preis um dazuzugehören.
Es hört nicht auf, andere regeln dein Leben. Du mußt einer Menge Instanzen ununterbrochen deinen Gehorsam erklären. Den Schaltern deine Aufwartung machen, an denen eine anonyme Macht dir durch einen Beamten auf einem Papier deine Daseinsberechtigung oder Genehmigung oder Ablehnung oder eine Anzeige gibt. Hier fängt auch die Angst an, die Angst zu versagen. Nicht das leisten zu können,

was von dir erwartet wird. Die Angst nicht »in« zu sein oder nicht um deiner selbst Willen geachtet zu werden. Ich hab Angst, eine lächerliche Figur abzugeben. Angst, von den anderen Schwachsinnigen als schwachsinnig eingestuft zu werden. Wird das Buch, das ich jetzt schreibe, auch ankommen? Allgegenwärtiges Urteil anderer über alles, was ich tue. Und selbst wenn ich genau weiß, daß ich etwas Wichtiges tue, zittere ich vor dem Urteil des Richters »Publikum«. Ununterbrochene Examenssituation. Was werden sie davon halten? Werde ich dazugehören? Zu den Autofahrern, indem ich den Führerschein mache. Gut gemacht. Zu den Leuten mit Hochschulreife, indem ich das Abitur oder Fachabitur mache. Zum Gruppentherapieverein. Zu den offiziellen Gestaltleuten. Gut so. Die Macht liegt in der Hand des Examinators. Er vertritt die Macht der Gesellschaft. Sein Ja bedeutet: Dazugehören. Sein Nein: Nicht dazugehören. Die Examensangst ist tatsächlich die Angst, auf gesellschaftlicher Ebene vernichtet zu werden. Eine Art göttlicher Macht. Das unpersönliche »Man«. »Man« nimmt dich an, oder verwirft dich. »Man« fordert Dinge von dir, die nicht mit deinen Gefühlen übereinstimmen, so daß deine Wahl für »man« zu einer Wahl gegen dich selbst wird. Im Dienst von »man« wirst du so sehr schnell dein eigener Gefängniswärter.

Doch deine Bedürfnisse rütteln weiter an den Gitterstäben. Körperliche Beschwerden machen sich bemerkbar. Kein Arzt wird dich mit seinen Pillen gesund machen. Vielleicht nennst du es Rheuma? Oder Magenbeschwerden? Oder Nierensteine? Oder Asthma? Oder Lähmungserscheinungen? Oder Depression? Als ob diese Worte überhaupt etwas bedeuteten! Was könnten sie für jemanden bedeuten, der seine eigene Bedeutung aufgegeben hat und nur die Bedeutung anderer widerspiegelt.

2. Du kannst auch systematisch »Nein« sagen, aus reiner Opposition.

Nichts schlucken. Immer entgegengesetzter Meinung sein. Rebell aus Versklavung an das Nein. Mit diesen Menschen ist es schwierig zu leben.

Die Vorteile dieser Haltung: Nein sagen vermittelt das Gefühl, anders zu sein als die anderen. Das Gefühl, anders zu sein als andere vermittelt das Gefühl, zu sein. Und das ist eine ganze Menge für jemanden, der unsicher ist. Vielleicht findest du auch Freunde mit derselben Haltung: Nein-sager, so wie du. Der neue Club. Eine Zugehörigkeit, bei der es nicht so sehr auf deine Person ankommt, als vielmehr darauf, nein-zu-sagen zu einem gemeinsamen Feind: Der bösen Welt.

Die Nachteile dieser Haltung: Tatsächlich holst du dir so deine Identität auf eine negative Art und Weise, genau aus dem, was du bekämpfst. Du wirst dem Gegenstand oder der Person ähnlich, gegen die du ins Feld ziehst.

Du willst zum Beispiel anders sein als deine Mutter. Du steckst die Hälfte all deiner Energie darein. In den Versuch, etwas nicht zu sein. Ermüdend. Und auf diese Weise bist du immerzu mit dem beschäftigt, was du nicht sein willst. Du wirst dadurch so sehr bestimmt, daß du dadurch bestimmt wirst. Du wirst ein schlechtes Negativ von dem, was du nicht sein wolltest. (Siehe: Die Lauernuß; oder die Militärpolizei und Polizeicorps; oder einige feministische Gruppierungen; oder die moralische Wiederaufrüstung, usw). Und so ist dieses Nein auch ein Nein gegen dich selbst. Es richtet sich gegen deine eigene Identität. Der andere, gegen den du dich wehrst, ist zu wichtig geworden. Nur immer nein sagen, ist außerdem ein einsames Dasein.

Die Normen der Außenwelt werden durch das bockige Nein wichtiger, schwerwiegender und bedrohlicher, als sie ursprünglich waren. Du stehst klein und verletzlich der ganzen Welt gegenüber. Und das wolltest du doch vermeiden?

3. Unklar bleiben ist auch eine Möglichkeit

Als Kind kannst du dich den Forderungen der Außenwelt kaum widersetzen. Denn die Außenwelt heißt: Mama, Papa, Lehrerin, Lehrer. Meine zerbrechliche Seele liegt in ihrer Hand. Ich werde lieber ihr Verbündeter als ihr Gegner. Dann lieber der Feind meiner eigenen Bedürfnisse und Gefühle werden. Denn Eltern schmusen mal mit dir oder auch nicht. Und ohne diese Wärme überlebst du nicht. Um ihre körperliche Liebe zu bekommen, werde ich lieber zum Feind meines eigenen Körpers, wenn sie sagen, daß der Körper etwas schlechtes ist. Eltern beschützen dich, oder auch mal nicht. Aber ohne Schutz stirbst du. Du bist ihr Leibeigener. So fängt es an. Die Normen der Gesellschaft werden dir vom Kleinkindalter an beigebracht von denen, die dann alle Macht über dich haben. Auf autoritäre Art und Weise. Du sollst nicht widersprechen. Nicht mit dem Pimmel spielen. Nicht nach dem Warum der Befehle fragen.

Warum nicht? Darum nicht. Du sollst Gott ehren, deine Eltern, deine Lehrer, alle Autorität.

Du sollst nach Vollkommenheit streben. Nach dem Besten schlechthin. Dem Höchsten. Nur das wird erst mit Wärme und Wertschätzung belohnt. Aber das ist natürlich auch wiederum von vornherein unmöglich zu erreichen.

Was tust du also als Kind? Offene Rebellion hat nicht die geringste Aussicht auf Erfolg. Sie sind stark. Und du kannst dich nicht verteidigen. Du kannst nicht mal selbst für dich sorgen.

Du kannst nur untertauchen und ein Doppelleben führen. Dich unerreichbar machen. Lügen. Masken. Um den heißen Brei herumreden. Deine Meinung hinter Fragen verbergen. Play stupid. Why not? Ja-Papa, ja-Mama sagen im Wohnzimmer, gleichzeitig aber durch das Schlüsselloch in der Stube gucken, in der der ungezogene Junge eingeschlossen ist, der verbotene Dinge denkt und fühlt und macht. Träumen, wie herrlich das Leben der Menschen sein muß, die ohne Gott oder Gebot leben, die von Grund auf schlecht sind, die alle schönen Dinge einfach tun können, ohne Gewissensbisse dabei zu haben.

Vorteile und Nachteile dieser Haltung: In diesem Zustand, wo du unerreichbar bist, hast du ein Stück Sicherheit. Du hast auch ein Stück verborgener Identität. Wenn du damit auch keine Beziehung zu jemand anderem aufbauen kannst.
Aber es ist auch kein Pappenstiel, dies Doppelleben. Dafür sorgen, daß du jeden zum Freund hast und gleichzeitig dir selbst noch einige Krumen zukommen lassen. Dein wahres Gesicht nicht zeigen. Auch dir selbst wirst du in diesem hin- und herlavieren unklar. Ein Dasein voll Gemauschel, Geschummel und Betrügen. Und dazu kommt noch, daß du regelmäßig zu kurz kommst. Und dann immer genau behalten, was du zu wem gesagt hast. Schwierige Buchführung. Du ziehst dir die Hose über den Kopf um dein Gesicht zu verstecken, aber auf die Art zeigst du etwas anderes...

4. Du kannst auch mal »Ja« und mal »Nein« sagen, je nach Wahl.

Dafür brauchst du aber Körper und Seele. Augen um zu sehen, was passiert oder was angeboten wird. Ohren um die richtigen Informationen aufzunehmen. Eine Nase zur Kontrolle. Lippen und Gaumen zum schmecken. Zähne zum zerkleinern und auswählen. Magen und Gedärme um das aufzunehmen, was zu dir paßt. Einen Po, um nach abgeschlossener Prüfung und Verarbeitung vereinzelte Reste wieder auszuscheiden.
Diese Dinge gelten für deine körperliche Existenz. Sie gelten aber genauso für Beziehungen. Studieren. Umgehen mit Gefühlen. Und um zu erfahren, ob Rosenkohl und Monogamie gut für dich sind. Nach dem Prozeß des Ausprobierens, Selektierens und

Assimilierens bleiben keine Mohrrüben, keine Kirche, kein Kant oder Marx oder Perls mehr übrig.

Ich hoffe, daß ich übrig bleibe. Ich hier. Die Normen oder Dinge der Außenwelt dort. Während ich mitbestimme, was zu mir gehört und was nicht.

Willst du zu all den Dingen, die auf dich zukommen, mal ja und mal nein sagen, sind zwei Dinge dafür erforderlich:

Erstens: Daß du die Forderungen (Normen, Kritik, das Müssen, Vorwürfe, gute Ratschläge, vorgeschriebene Regeln oder Lebensmuster) zu Tatsachen machst. Zum Beispiel indem du hinter jede dieser Forderungen einen deutlichen Punkt setzt, und sie dann kritisch betrachtest, wobei sie außerhalb von dir bleiben, (dich also nicht verschlingen).

Zweitens: Daß du dir ganz klar zwei Möglichkeiten einräumst: Ich kann auf die Forderungen und Vorwürfe eingehen, sie annehmen, aber ich kann sie auch einfach (ganz oder zum Teil) nicht schlucken. Ich kann mir ein Stückchen davon zu eigen machen oder gar nichts davon zu mir nehmen.

Das Spikketmorammelimmanklak-Rezept

In Antwerpen heißt diese Haltung: 'Spikket morammel immanklak, kzallekikket weloitzuuke.' (Spuck nur alles in meinen Hut, ich werde mir dann schon was heraussuchen.

Du kannst diese Haltung ausprobieren, z.B. bei Tadel oder Kritik, die dir schwer im Magen liegen.

Das Rezept geht dann so: Schreibe den Vorwurf oder die Kritik, die dir zu schaffen machen, auf einen Zettel und lege diesen dann in deine Mütze oder deinen Hut. (Zur Not geht auch ein Brotkörbchen).

Lege die Mütze oder stelle das Brotkörbchen in ungefähr sechzig Zentimeter Abstand vor dich hin und schaue danach. Mache dir klar, daß du selbst hier sitzt, auf der eigenen Sitzfläche und daß der Vorwurf oder die Kritik dort liegt, nämlich in der Mütze, dem Hut oder dem Brotkorb.

Nun ergreife den Zettel mit den Fingerspitzen von Daumen und des Zeigefinger. Beschnuppere ihn. Lies den Vorwurf. Schnuppere noch einmal und bestimme selbst, wie groß das Stück von dieser schriftlichen Forderung sein soll, das du zu dir nehmen oder ablehnen willst. Nachdem du dies beschlossen hast, reiße den ausgewählten Teil ab und iß ihn auf. Den anderen Teil wirf weit weg.

Der gute Einfluß, den dieser Vorgang auf die Gesundheit ausübt, ist erstaunlich. Besonders bei Schlaflosigkeit, Migräne, Magengeschwüren, bestimmten Krebsarten, Atemnot, Rückenbeschwerden, schwammiges Gefühl im Bauch, Lampenfieber, usw. . .

Hier kommt der Therapeut

Du kannst aus Erfahrungen und Begebenheiten lernen. Aus dem Leben. Aus Dingen, die dir gelingen oder aus Enttäuschungen. Du lernst neue Möglichkeiten, mit Menschen umzugehen. Mit Instanzen. Mit deinen Gedanken und Gefühlen. Mit deinem Essen, deinem Wohnen, aber nur, wenn du nicht mehr weiter weißt und es gelingt dir auch nicht, aus der Tatsache zu lernen, daß du daraus nichts lernen kannst, daß du nicht mehr weiter weißt, dann kannst du andere zur Hilfe holen. Freunde oder Leidensgenossen. Denn zusammen können wir mehr sehen als allein. Und um dann die Möglichkeiten dieser Gruppe von Menschen optimal zu nutzen, können wir noch einen Außenstehenden dazuholen. Jemanden, der gute Augen und Ohren hat: Einen weisen Mann, eine weise Frau, einen Guru, einen Therapeuten, einen Freund oder einen Fachmann. Oder jemanden, der das alles zusammen ist. Gegen Geld oder umsonst. Um rauszubekommen wie du es fertiggebracht hast, dich so festzufahren. Um zusammen dahinter zu kommen, wie du dich durch andere so in Bedrängnis bringen läßt. Und damit er mit nachsieht, wo deine anderen Möglichkeiten liegen. Wenn der Helfer ein Fachmann ist, kannst du es Therapie nennen.

Therapie ist griechisch und bedeutet eigentlich 'helfen', 'eine hilfreiche Hand reichen'. Das ist die ursprüngliche, echte Bedeutung im Koine-Griechischen und im klassischen Griechischen. 'Jemandem zu Diensten sein', 'Jemandem seine Sorge und Aufmerksamkeit schenken'.

Was beinhaltet dieses Helfen nun?

Bist du müde, ist der Helfer jemand, bei dem du müde sein darfst. Willst du dich umbringen, ist er jemand, der dich nicht verurteilt, der es dir zubilligt und gleichzeitig Anteil nimmt an deiner Verzweiflung. Bist du langweilig oder schizo oder sonst was: Jemand der dich nicht weniger achtet, weil du nun gerade so bist. Denn um leben zu können oder von diesem Leben Abschied zu nehmen, indem du es selbst beendest, oder müde oder langweilig oder maso oder schizo oder sado oder alkoholo oder dumm oder autistisch, brauchst du mindestens einen Menschen, der dich nicht verurteilt so wie du bist. Jemanden, der zu dir hält und der nicht auf der Seite von dem steht, der du eigentlich sein müßtest. Denn all die sogenannten Krankheiten sind in Wirklichkeit gar keine Krankheiten. Es sind Seinsweisen, die dein Geist und dein Körper dir vorschreiben, um in dieser Situation zu überleben: Nach dem greifen, was dir nicht in den Schoß geworfen wird; Absenzen bekommen, wo du Präsenz nicht mehr ertragen kannst; dich gefühllos machen gegenüber Emotionen, die du nicht verkraftest, langweilig sein, wo Originalität nur bestraft wird, Abstand halten, wo Nähe zu beengend für dich ist, usw.

Manchmal bleiben diese 'gesunden' Reaktionen hängen, auch wenn die Situation sich längst verändert hat und schießen dann über's Ziel hinaus. Sie sind unausweichliche Verhaltensmuster geworden. Automatisch. Etwas, was du zwar noch tust, eigentlich aber gar nicht mehr willst, sobald du weißt, daß sich die Situation geändert hat. Sobald du begriffen hast, daß deine Frau jemand anders ist als deine Mutter, gegen die du diese Verhaltensweise aufgebaut hast. Daß nicht jede Katze die Katze deiner gefährlichen Oma ist. Daß nicht jeder

Mann, dem du begegnest, dich unterdrücken will. . .
Diese alten Muster wirken verwirrend. Sie tun so, als
ob Dinge, die es nicht mehr gibt, doch noch da sind.
Und sie beweisen das mit unserem Verhalten. Die
Dinge verwirren sich dann. Was ist meins? Was ist nicht
meins? Was gehört zum Jetzt? Was gehört zum
Früher? Was sehe ich? Was bilde ich mir ein? Was wird
gesagt? Was bilde ich mir nur ein, daß es gesagt wird?
Die Grenzen zwischen Einbildung und Wirklichkeit
sind beseitigt, zwischen dem was ist und dem was sein
müßte, zwischen wollen und mich zwingen, zwischen
Vorne und Hinten, Ost und West . . .
In diesem Meer ist der Therapeut eine Art Orientierungspunkt. Insel. Leuchtturm. Stern. Er zieht Grenzen. Seine eigenen Grenzen, hoffe ich. Nicht die
Grenzen des anderen, denn das wären dann Thera-
peutengrenzen, die dem Patienten aufgezwungen
werden. Der Therapeut kann nur »Dasein«, ganz klar
umrissen. Als ein »Gegenüber«. Der für sich selbst
sorgt, daß seine Grenzen nicht verwischt werden. Der
sagt, was er sieht. Mit seinen Augen und nicht mit seinen
sogenannten Fachkenntnissen, denn die haben keine
Augen. Sagen was er fühlt. In seinem Körper und nicht
in seinen Gedanken. Der selbst sein Denken, Fühlen
und seine Einbildung auseinanderhält und ausspricht,
so daß die Küsten seiner Insel sich abzeichnen und
Farbe bekommen. So daß auch seine Klippen signa-
lisiert werden. Also alles was er zu bieten hat ist: Ein
Gegenpol zu sein. Seine eigene klare Anwesenheit.
Einem Gegenpol gegenüber wirst du als Klient nämlich
zum Pol. Du entkommst nicht der Identität, wenn
'jemand' für dich wirklich da ist. Du hörst wieder deine
eigene Stimme, wenn sie deutlich zurückschallt.
Gegen etwas an. Du fühlst deine Kraft, wenn du es mit
jemandem zu tun hast, der sich nicht auf deiner Welle
mitwiegt, sondern da bleibt, wo er oder sie ist.
Therapeut, sorge für dich selbst! Dann bist du ein ganzer Therapiefritze, und das ist besser als alle Weihnachts-
männer zusammen.

Die paradoxe Weisheit über das Verändern

Menschen verändern sich, wenn sie sich die Zeit nehmen, so zu sein, wie sie sind. Zu erfahren, wer sie sind. Nicht wenn sie sich selbst antreiben zum Anders-sein. In der Gestalttherapie heißt das: Die paradoxe Theorie der Veränderungen. Aber tatsächlich ist diese paradoxe Weisheit über das Verändern so alt wie die Welt der Weisen.

Du kannst nicht einen Schritt vorwärts machen, solange du den Ort, auf dem du jetzt stehst, den Boden unter deinen Füßen, nicht voll und ganz ernst nimmst:

Nimm mir nicht den Weg unter meinen Füßen weg!
Auch nicht, wenn mein Weg, nach deinem
Weg geurteilt, ein Umweg ist.

Modo para venir al todo
Para venir a lo que no gustas
has de ir por donde no gustas
Para venir a lo que no sabes
has de ir por donde no sabes ... usw.

(Juan de Yepez, 16. Jahrhundert)

Wie kannst du alles erreichen?
Um zu dem zu kommen, was du noch nicht fühlst
mußt du den Weg gehen, auf dem du nicht fühlst.
Zum Erkennen der Dinge, die du nicht weißt
führt der Weg des Nichtwissens.
Um zu erreichen was du nicht hast,
mußt du den Weg gehen,
auf dem du das alles nicht hast.
Um derjenige zu werden, der du noch nicht bist,
mußt du den Weg gehen, auf dem du es nicht bist.

(Hl. Johannes vom Kreuz, 16. Jahrhundert)

Para venir a saberlo todo,
no quieras saber algo en nada.
Para venir al gustarlo todo,
no quieras gustar algo en nada.
Para venir a poseerlo todo
no quieras poseer algo en nada.
Para venir a serlo todo
no quieras ser algo en nada.   (Juan de Yepes)

Wenn du den Vögeln des Wissens, des Genießens
usw., nachjagst, fliegen sie schnell weg. Du siehst sie
vorläufig nicht wieder . . .

Wenn du jemandem, den du sehr lieb hast, nichts
geben kannst, und darüber traurig bist, dann kannst du
ihm oder ihr dieses Nichts und die Traurigkeit darüber
geben. (Es sei denn, du willst dieser Person nicht solch
ein großes Geschenk machen . . .).
Wenn du dich für eine Null hälst, gib ihm oder ihr diese
Null. Fühlst du dich hilflos, dann gib deine Hilflosigkeit.
Wenn du nicht mehr weiter weißt, gib dieses Nicht-
wissen. Bist du eifersüchtig oder verwirrt, dann gib
deine Eifersucht oder Verwirrung . . . So sind Widerstände und Hindernisse in einer Beziehung geeignete
Mittel, zueinander zu finden. Sie zeigen ja: 1. daß das
Gegenüber da ist, 2. die Grenzen und Vorbehalte des
Anderen. Wenn es schwierig ist, Kontakt aufzunehmen
und wir nach allerlei Hilfsmitteln suchen, um die Kluft
zu überbrücken, dann sind es oft diese Hilfsmittel, die
uns später den Weg zueinander versperren. Durch die
Brücke übergehen wir den anderen, denn die Kluft war
die Art und Weise, wie der andere jetzt gerade anwesend war: auf Abstand.

– Ich sitze so tief im Dreck, daß ich überhaupt nicht
mehr zu mir komme.
O Versuche an deinen Dreck heranzukommen.
– Ja, aber ich habe keine Worte.
O Erlebe deine Sprachlosigkeit.
– Ich finde auch nicht die Worte, um mit jemandem
Kontakt aufzunehmen.
O Willst du jemanden anschauen und ihm oder ihr

sagen, daß du nicht die Worte findest, um den Kontakt aufzunehmen, den du eigentlich haben möchtest?
– Ja... (schaut zu R.) ... R, ich finde nicht die Worte, die ich brauche um mit dir Kontakt aufzunehmen ...
○ R.: Ich hab erst ganz selten mit jemanden einen so ehrlichen Kontakt gehabt, wie mit dir, jetzt, wo du das so sagst ...

Die alte Weisheit von Leben, das aus dem Tod entsteht. Armut, die Reichtum sein kann. Schöpferischer Elan, der aus Verzweiflung entspringt. Krankheit, die selbst ein Genesungsprozeß ist. Wasser des Todes, das Fruchtwasser ist, in dem du in diese Welt hineinschwimmst. Die Tiefen meiner Mutter, die mich tragen, die aber auch die Meere sind, in denen ich ertrinke.

Liebst du deine Frau, deine Schwiegereltern, deine Klienten, deinen Mann? Versuchst du sie zu verändern? Liebst du dich selbst? Willst du dich selbst verändern? Wären sie doch ein bißchen mehr so und ein bißchen weniger so! Wär ich selbst doch ein bißchen weniger x und ein bißchen mehr y!
Liebst du sie denn so, wie sie sind? Oder so wie du gern hättest, wie sie sein sollten? Liebst du dich selbst so, wie du bist? Oder so, wie du gern sein würdest? Wunschbilder zu lieben ist auch etwas. Aber 'jemanden' lieben ist etwas anderes.

– Muß ich denn meine miesen Seiten einfach so akzeptieren?
○ Wie willst du es sonst verändern? Weißt du wie du dein Verhalten ändern kannst, ohne dein Verhalten zu akzeptieren, so wie es ist?

Hänschen weint. Hänschen lacht.
Willst du das Weinen abschaffen?
Dann mußt du Hänschen abschaffen.

Sie wünschte nichts sehnlicher, als daß er anfängt mit
ihr zu schmusen . . .
Er wünschte nichts sehnlicher, als sie zu berühren, zu
streicheln, aber er traute sich kaum, Versuche in dieser
Richtung zu wagen.
Ganz zärtlich ließ er seine Hand über ihr Nachthemd
gleiten und fühlte, wie sein Verlangen ihm bis in den
Hals klopfte. Da sagte sie ganz irritiert: »Ich hasse es,
wenn du mich über dem Zeug streichelst.« Er erschrak
sehr. Seine Hand fiel schlaff herab, neben seinen Körper. Er biß sich auf die Unterlippe und das Feuer seines
Verlangens wurde eiligst gelöscht.

Der Komposthaufen in unserem Garten ist mir
wichtig geworden.
Dorthin kommen Essensreste. Und die Herbstblätter.
Und abgeschnittene Äste. Und das Unkraut, das ich
zwischen den Erdbeeren gezupft habe.
Dies ist kein Platz, an dem Dinge weggeworfen werden. Hier kann ich der Erde zurückgeben, was jetzt
übrig ist.
Die Vögel scharren, fressen, scheißen darauf herum.
Abends sehe ich, wie Igel mit der Nase darin herum-
wühlen und ein Hund aus der Nachbarschaft (ein
Sozialfall!). Und schließlich unsere Freunde, die Würmer. Der Kreis schließt sich. Diesen ruhenden Pol
brauche ich. Zum Leben.

Es gibt kein Leben ohne Sterben. Du kommst nicht
drumherum. Nicht drunterweg. Nicht drüberweg. Nur

hindurch. »Wenn das Weizenkorn nicht in die Erde fällt und stirbt, bleibt es, was es gewesen ist. Aber wenn es in der Erde stirbt, so bringt es viele Früchte.«

(Joh. 12,24)

»Wer sein Leben behalten will, wird es verlieren.«

(Joh. 12,25)

Wer seine Kinder halten will, wird sie verlieren. Dafür werden die Kinder schon sorgen.
Wer seine(n) Ehegatt(en)in festhalten will, wird sie oder ihn verlieren.
Wer seine Klienten festhalten will, wird sie verlieren.
Wer seinen Beruf, seinen Arbeitsplatz, sein Haus seine Freunde festhalten will, wird sie verlieren.
Ein Glück... denn sonst würdest du eine Gefahr bedeuten für deine Kinder, deine(n) Ehegatt(en)in, dein Haus, deinen Arbeitsplatz, deine Freunde, deinen Beruf, deine Klienten. Sie wollen sein. Nicht dein eigen sein.

In bestimmten Auffassungen der Therapie wird oft von Widerständen und Abwehrstrategien der Klienten gesprochen, hinsichtlich der Veränderungen, die gut für sie sind.
Diese Widerstände müssen besiegt oder durchbrochen werden. Eine heikle Angelegenheit. Als Therapeut solltest du das lieber sein lassen. Denn der Klient setzt alle ihm zur Verfügung stehende Energie dafür ein, diese Abwehr zu erhalten und weiter auszubauen. Sobald du versuchst, sie zu durchbrechen, wirst du zum Feind des Klienten. Und zwar ein Feind, der ihn an seiner empfindlichsten Stelle angreift. Auch als Klient solltest du es besser lassen, gegen deine eigene Abwehr ins Feld zu ziehen. Denn deine Abwehr und deine Widerstände sind Überlebensstrategien. Sie sind die Lauernuß, die du dir gebaut hast, um Menschen oder Situationen, die dich zu vernichten drohen,

nicht zum Opfer zu fallen. »Widerstände, gegen die mit Gewalt angegangen wird, bekommen immer mehr Existenzberechtigung.« Jemand, der sich bedroht fühlt und sich darum zu Hause einschließt, wird sich immer mehr bedroht fühlen, wenn du von außen gegen die Tür donnerst. Er wird, wenn er es für nötig erachtet, alles, was er im Haus findet, zu einer Barrikade machen, um sich zu beschützen.

Seine ganze Kreativität und Lebenskraft werden eingesetzt, um den Widerstand auszubauen. Hab ich nicht ein Recht darauf, mich gegen das zu wehren, was ich nicht will? Auch wenn Therapeuten und Erzieher davon ganz wild werden, weil sie ihren Willen nicht durchsetzen können.

Tatsächlich bedeutet das, daß die sogenannten Widerstände, Blockaden oder Hindernisse ein Teil des Weges sein können, auf dem sich Wachstum entwickeln kann. Du kannst diese Etappe nicht ungestraft auslassen. Denn da stehst du! Da ist deine Kraft. Ein großes Stück deiner Identität. Dein Widerstand ist dein Lebenswille. In der Gestalttherapie heißen diese Abwehrmechanismen zum Beispiel: Projektion, Deflexion, Introjektion, Retroflexion. Und die dürfen nicht abgeschafft werden. Wir haben sie nicht umsonst. Sie haben ihre Funktion.

Du darfst jemandem seine Krücken nicht wegnehmen, bevor er nicht erfahren hat, daß er auf den eigenen Beinen stehen kann. Therapie ist: Erfahren was Krücken sind und ausprobieren, was die eigenen Beine vermögen. Die'Veränderung', die bezweckt wird, ist nur: bewußter wahrnehmen, was ist. Erstens Krücken. Zweitens Beine. Damit hört die Aufgabe des Therapeuten auf.

Und das heißt eigentlich, daß das bewußte Umgehen mit der Wirklichkeit gesundmachend ist und nicht der Therapeut oder die Therapie.

Therapie wird dann beschränkt auf: Der Wirklichkeit eine Chance geben mit ihren verschiedenen Aspekten. Die Wirklichkeit in dir: Die Vielzahl einander widersprechender Persönlichkeiten. Und die Welt außerhalb von dir mit ihren vielen Gesichtern.

Das Fieber, die Lähmung, die zweite Welt der Schizophrenie, der heftige Ausbruch einer Psychose, der Authismus, der Streß, die Vereinsamung und die Entfremdung brauchen nicht verleugnet zu werden.
Sie sind in diesem Moment die Verbündeten eines bedrohten Menschen, der um sein Überleben kämpft. Ihnen kann er trauen, sie werden ihn nicht im Stich lassen.
Erst wenn sie erkannt und wertgeachtet werden, können diese Teilpersönlichkeiten oder schwierigen Lebensweisen neben sich anderen Teilpersönlichkeiten Raum geben – befriedigerenden Lebensweisen vielleicht – die »in Krisenzeiten« nicht zum Zuge kommen konnten.

Die scheinbar unwichtigen, ja selbst feindlichen Fasern dieses Augenblickes, die scheinbar kraftlosen Grashalme, mit denen der Wind spielt, sind Hebebalken, dazu da, diese Erde flott zu kriegen, auf ihrem eigenen Fluß.

Lubas, der große Hund, war in Miriam verliebt, die Katze der Nachbarin. Miriam hatte Angst. Sie lief weg, wenn er in der Nähe war, fauchte aus der Tanne neben der Küche. Ihr Fell sträubte sich. Gestern war er wieder mit seinem heißen Herzen hinter ihr her. Wie der Blitz schoß sie in ein Abflußrohr, das da gerade wegen Reparaturarbeiten im Garten lag. In Sicherheit vor dem Dicken.

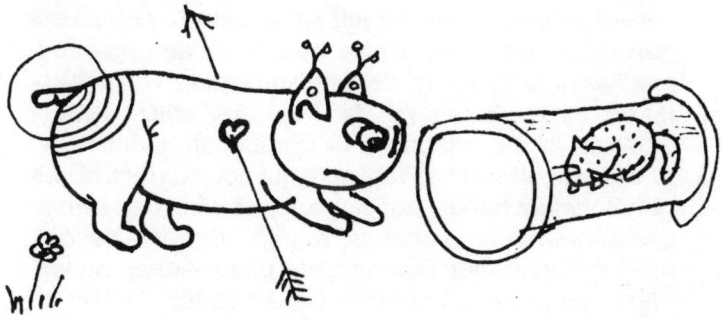

Schmerzvoll jaulte er an dem einen Ende des Rohres. Durch das Flehen wurde sie noch ängstlicher. »Siehst du denn nicht, was ich für dich empfinde,« bellte er. Er wurde böse vor lauter Kummer. Die böse Stimme versetzte sie noch mehr in Schrecken. Gebrumme: »Du vertraust mir nicht!« Das Brummen machte ihr noch mehr Angst. Er fühlte die Ablehnung und war enttäuscht. Wie Hunde leiden können! Seine Enttäuschung versetzte sie noch mehr in Angst und das machte ihn wiederrum rasend und davon geriet sie in Panik. Es gab keine Möglichkeit mehr, die Sache zu lösen. Jedenfalls nicht innerhalb dieses Abstandes. Da zog er ab. Rückwärts kriechend, einen halben Meter, einen Meter, zwei Meter. Langsam legten sich ihre gesträubten Haare wieder. Er spazierte fort bis zur Scheune, zwanzig Meter entfernt und legte sich ausgestreckt dahin. Traurig seine Pfoten lecken. Da kam sie bedächtig aus dem Rohr gekrochen. Hüftenwiegend, sich selbst an dem Fliederstrauch und am Gitter streichelnd. Sie zog sich mit einem Ruck am Zaun hoch und sprang von da aufs Dach des Fahrradschuppens.

Da lag sie nun und tat schmachtend. Ab und zu aus den Augenwinkeln zu Lubas schielend, ob er auch nach ihr schaute.

Oft spannen wir eine Menge Muskeln an, um den Schmerz abzuhalten. Spannung im Rücken, in den Schultern, im Nacken. Denn wir wollen nichts zu tun haben mit dem Schmerz, mit der Angst, die sich anzeigen. Aber auf diese Weise halten wir den (gesundmachenden) Schmerz, der sich anmeldete, von uns ab, durch einen Schmerz, den wir uns selbst antun. Schmerz ist da, in jedem Fall. Darüber steht uns keine Wahl mehr offen. Die Wahl geht nur noch darum, ob wir den Schmerz haben, der sich anzeigt, oder den selbstgemachten schmerzhaften Krampf, den wir bekommen, indem wir den Schmerz von uns abhalten wollen. Wenn Schmerz und Kummer fließen dürfen, fließt auch das Blut. Leben zeigt sich an im Sterben dieses Augenblicks. Kummer, der Wärme mit sich bringt. Leid, das den Geschmack von altem Bordeaux hat, Schmerz, der die Kälte wegnimmt. Leben und Tod zusammen. Wie zwei Beine, die dich tragen, mit Würde. So, daß du die Füße ganz und gar aufsetzen darfst, auf diesem Planeten.

Ich sah ein, daß ich mich selbst mit allem und jedem quälte. Daß mein Lebensprogramm damit gefüllt war. Da beschloß ich, das nie wieder zu tun. Dieser Beschluß quält mich nun bei Tag und bei Nacht.

Die paradoxe Weisheit über das Verändern gilt auch für die Beziehung Therapeut/Klient. Klienten versuchen den Therapeuten zu ihrem Helfer zu 'machen'. Zu jemandem, der die Verantwortung für ihr Leben übernimmt. Der ihnen sagt, was sie zu tun haben. Verbündeter derjenigen, die sie eigentlich sein müßten und nicht derer, die sie sind. Ein Vater oder eine Mutter, die sie wieder zum Kind machen und sie erlösen von der schweren Aufgabe, selbst zu leben.
Der Therapeut, der in diese Bärenfalle fällt, kann an keiner Veränderung mehr mitarbeiten. Er wird mitschuldig an dem Prozeß der Entpersönlichung, der Entselbständigung.
Es ist nicht so einfach, dieser Fallgrube zu entkommen. Für den Therapeuten ist es schmeichelhaft, daß jemand soviel Vertrauen in ihn hat, daß er ihm alles, was er hat und ist, anvertraut. Der Rest geht dann ganz von alleine. Wie kannst du dem in einer helfenden Beziehung entgehen?
Indem du als Helfender auch selbst als Mensch deutlich anwesend bist und nicht nur in deiner Rolle.
Indem du dafür sorgst, daß es dir auch gut geht dabei. Indem du deiner eigenen Wärme ihren Platz ein-

räumst. Indem du den Abstand, den du brauchst, auch einhältst. Und indem du dein Nicht-Wissen zuläßt, dein Erstaunen, deine Langeweile.

Dann hat der Klient einen »Jemand« als Gegenüber. Dann gibt es eine Beziehung, bei der die beiden Pole klar sind.

Denn in der Beziehung Klient/Therapeut ist die Beziehung das gesundmachende Element.

Was die therapeutische Beziehung bedeutet, habe ich widergegeben in den nachfolgenden schematischen Zeichnungen.

Schemata der therapeutischen Beziehung

1. Links und rechts

Erläuterung zu den folgenden Zeichnungen:
Die zwei Zeichnungen, die auf den nächsten Seiten links und rechts nebeneinander stehen, weisen nicht auf zwei Arten von Menschen hin, sondern auf zwei Pole eines Spannungsfeldes, das jeder Mensch in sich hat.
Vor der Geburt, im Mutterleib, sind wir ganz rechts angesiedelt. Bei der Geburt entwickelt sich das Spannungsfeld, indem ein zweiter Pol entsteht: Der Linke. Wir werden mehr und mehr für uns selbst sorgen müssen. Zuerst selbst atmen. Selbst pinkeln und kacken. Einen eigenen Kreislauf aufbauen von Auswählen, Essen, Verdauen usw. Je nachdem, wie sehr wir nicht mehr zu dem Schoß gehören. Selbst Schritte tun, um das körperliche und gefühlsmäßige Bedürfnis nach Nähe zu anderen zu befriedigen. Aber der rechte Pol bleibt. Wie sehr wir unsere Selbständigkeit auch entwickeln. Mal stehen wir mehr rechts, dann wieder mehr links. Mit den jeweils dazugehörigen Folgen . . .
Es ist allerdings so, daß wir in unserer Gesellschaft mehr in die rechte Ecke gedrängt werden. Abhängig. Immer weniger dazu im Stande für uns selbst zu sorgen. Unser Körper richtet sich danach, wenn wir es zulassen: Steifer Nacken, hochgezogene Schultern, Augen, die von unten nach oben schauen, angehaltener Atem, nicht entwickelte Weiblichkeit oder Männlichkeit.

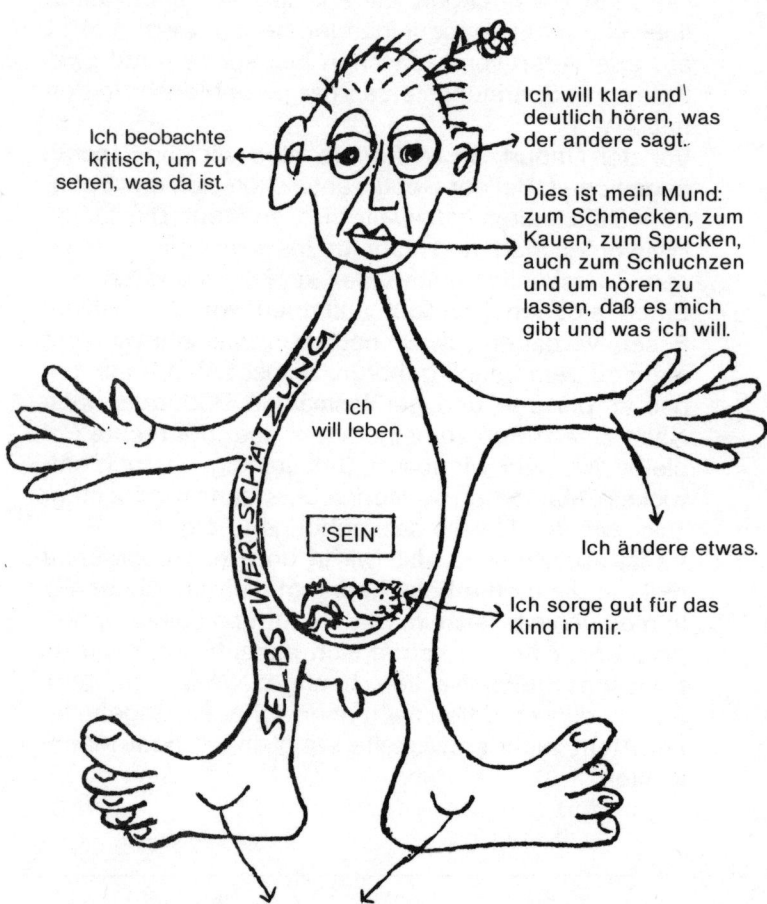

Ich will klar und
deutlich hören, was
der andere sagt.

Ich beobachte
kritisch, um zu
sehen, was da ist.

Dies ist mein Mund:
zum Schmecken, zum
Kauen, zum Spucken,
auch zum Schluchzen
und um hören zu
lassen, daß es mich
gibt und was ich will.

Ich
will leben.

SELBSTWERTSCHÄTZUNG

'SEIN'

Ich ändere etwas.

Ich sorge gut für das
Kind in mir.

Dies sind die Füße, die mich tragen. Sie sind beispielhaft
meine Eltern, d.h. damit bin ich Vater und Mutter für mich selbst.

Das Spannungsfeld zwischen rechtem und linkem Pol
ändert sich durch Wachstum.

42

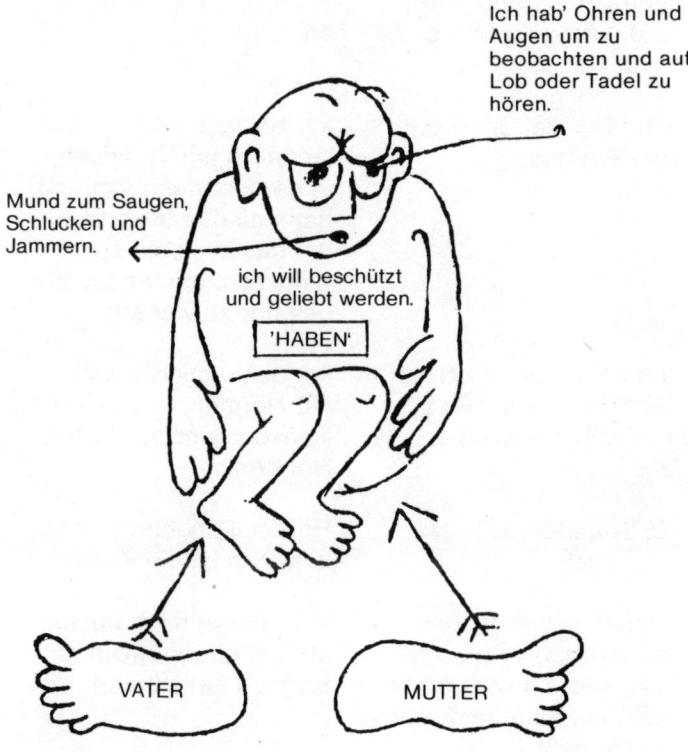

Ich hab' Ohren und Augen um zu beobachten und auf Lob oder Tadel zu hören.

Mund zum Saugen, Schlucken und Jammern.

ich will beschützt und geliebt werden.

'HABEN'

VATER

MUTTER

Integration bedeutet, daß die linke Seite die Sorge für die rechte übernimmt, daß die rechte Seite dies zuläßt und sie einander anerkennen und brauchen.

43

Linker Pol	Rechter Pol
Ich sorge für mich selbst, (indem ich andere offen bitte, mal für mich zu sorgen).	Ich sorge heimlich dafür, daß andere für mich sorgen.
Ich bin ein guter Vater und eine gute Mutter für mich selbst.	Väter und Mütter tretet an!
Ich bitte klar um das, was ich brauche.	Ich beklage mich und jammere und quängele in der Hoffnung, daß ich dann all das bekomme, um das ich nicht zu bitten wage, aus Angst, abgelehnt zu werden.
Ich habe unendlich viel Geduld mit mir selbst und schätze mich so, wie ich bin.	Ich quäle mich selbst mit Normen, Idealen, religiösen oder politischen Normen.
SEIN ist für mich das wichtigste.	Haben ist haben und bekommen ist die Kunst!
Immer weiter experimentierend wähle ich aus, was ich will und bewältigen kann und was zu mir paßt.	Ich sichere mich überall ab, um nirgendwo einen Korb zu bekommen.
Ich will meine eigenen Möglichkeiten entfalten.	Ich entwickle die krankhaften elternmäßigen Eigenschaften von Therapeuten, Erziehern und Sozialarbeitern.

Anwendung auf die helfende Beziehung

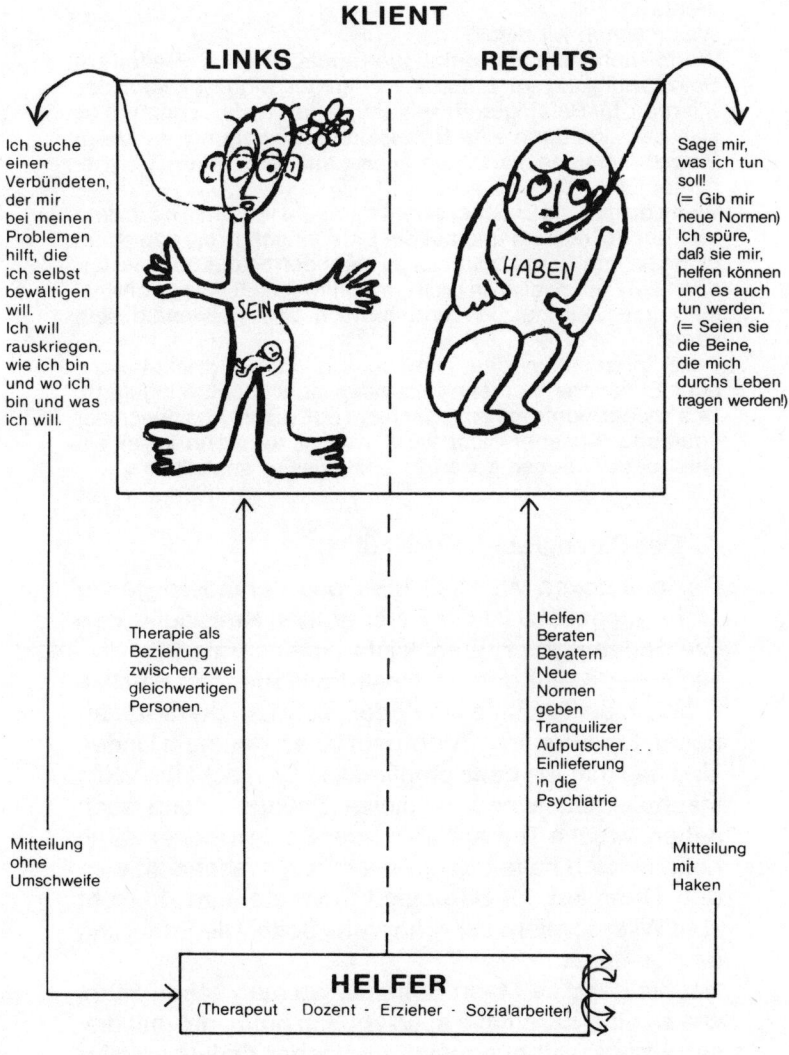

KLIENT

LINKS   **RECHTS**

Ich suche
einen
Verbündeten,
der mir
bei meinen
Problemen
hilft, die
ich selbst
bewältigen
will.
Ich will
rauskriegen.
wie ich bin
und wo ich
bin und was
ich will.

SEIN

HABEN

Sage mir,
was ich tun
soll!
(= Gib mir
neue Normen)
Ich spüre,
daß sie mir,
helfen können
und es auch
tun werden.
(= Seien sie
die Beine,
die mich
durchs Leben
tragen werden!)

Therapie als
Beziehung
zwischen zwei
gleichwertigen
Personen.

Helfen
Beraten
Bevatern
Neue
Normen
geben
Tranquilizer
Aufputscher . . .
Einlieferung
in die
Psychiatrie

Mitteilung
ohne
Umschweife

Mitteilung
mit
Haken

HELFER
(Therapeut - Dozent - Erzieher - Sozialarbeiter)

Die helfende Beziehung im vorangegangenen Schema

In einer helfenden Beziehung bekommst du es als Erzieher, Therapeut mit beiden Polen des obengenannten Doppelbildes des Klienten zu tun. Daher kommt es, daß uns zwei Arten von Botschaften erreichen, eine von links und eine von rechts.
Was machen wir damit?
Wenn Therapie Voraussetzungen schaffen soll für Reifen zur Selbständigkeit, für Entwickeln eigener Möglichkeiten des Klienten, für Befähigen zu seiner eigenen Wahl... dann ist es klar, daß erst dann eine Entwicklung (Bewegung) in diesen Prozeß kommen kann, wenn sie auf den linken Pol gerichtet ist.
Wenn du dich als Erzieher oder Therapeut vor allem nach dem rechten Pol richtest und auf die Bitte eingehst, die von da an dich gerichtet wird, bestätigst du mehr den Status quo und förderst ein Zurückfallen in größere Abhängigkeit. (Was wohl mal für kurze Zeit nützlich und herrlich und notwendig sein kann!)
Jede Intervention des Therapeuten (oder Sozialarbeiters oder Erziehers) ist mehr links oder mehr rechts eingefärbt. Das hat gar nichts mit gut oder nicht gut zu tun. Aber wenn der Therapeut/Erzieher nicht weiß, was er tut, dann ist er ein Therapeut/Erzieher, der nicht weiß, was er anstellt.

3. Der Bärengruben-Kreislauf

Der paradoxen Weisheit über das Verändern genau entgegengesetzt ist der Bärengruben-Kreislauf in den »Veränderungsvertreter« leicht hineingeraten.
Nicht der Klient geht in diese Falle (der saß nämlich schon in der Klemme als Köder), sondern der Sozialarbeiter, Erzieher oder Therapeut ist es, der darin landet. Und das trifft ihn ganz empfindlich. Es macht ihn völlig machtlos. Du kannst in dieser Situation dann auch sehen, wie die Therapeuten oder Sozialarbeiter kaum noch an sich halten können, um nicht rasend zu werden. Denn bei der Bärenjagd rechnete man sie nicht zum Wild, sondern zur »anderen« Seite. Die Erfahrung lehrt anderes.
Nachfolgend steht ein Schema, wo man sehen kann, wie so eine Bärenfalle aussieht. Ich hoffe, daß mit dieser Arbeitszeichnung jetzt auch jeder do-it-yourselfer seine Fallen legen kann.

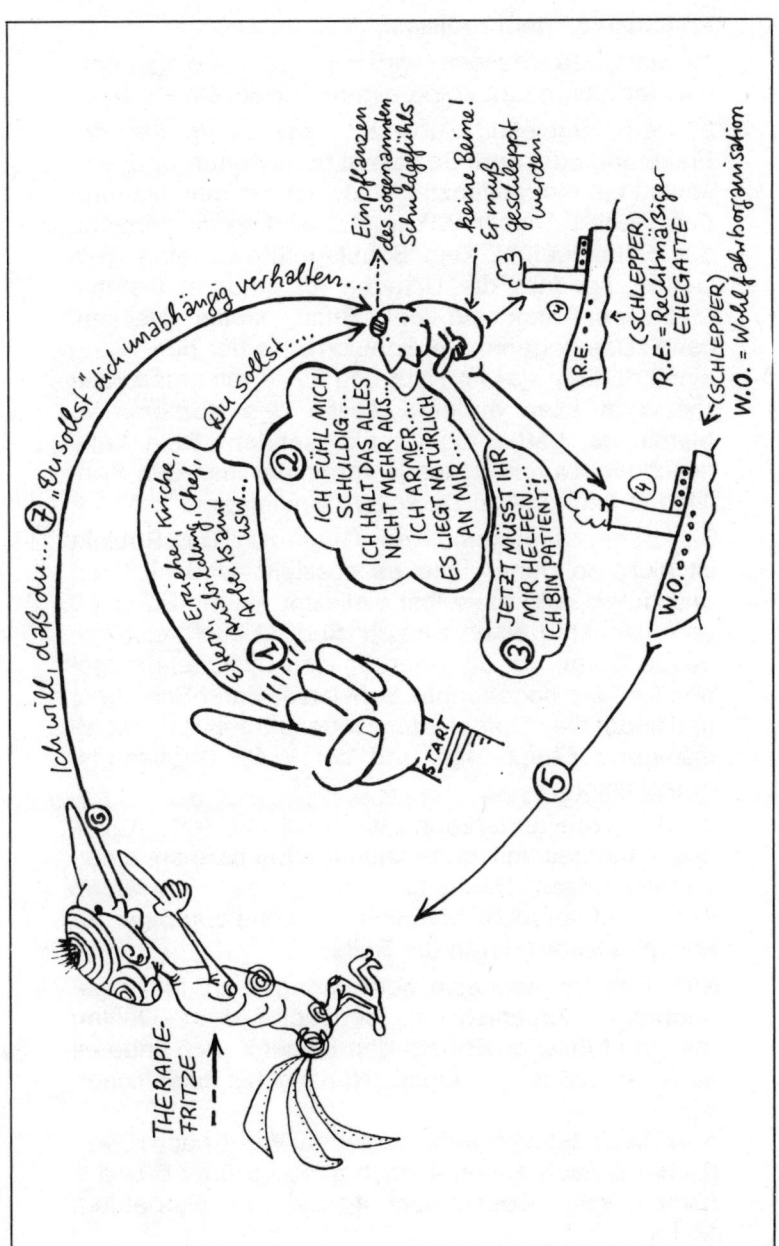

47

Erklärung zu dem Kreislauf:

1. Start: Das »Müssen« wird von klein auf eingeimpft, bis man überhaupt keine eigene Initiative mehr hat.

2. Dem »Subjekt« (Subjekt = das Opfer, das der Erziehung oder dem Sozialamt unterworfen wird) entspricht ein eingepflanzter Wildwuchs in dem blaugrünen Gehirn. Dieser Wildwuchs wird meist genannt: das Schuldgefühl. Das Schuldgefühl ist aber kein Gefühl, sondern die Ursache für (andere) Gefühle (z.B. ein Druck auf der Brust, steifer Nacken, usw.). Das sogenannte Schuldgefühl hat den Klang eines dünnen »ja« im Kopf und eines total erstickten »nein« in allen anderen Teilen des Körpers. Ja, Mama. Ja, Vater, nicht mein, sondern Dein Wille geschehe. Durch dieses ja vermeidet man den Konflikt mit dem großen Du-sollst-Zeigefinger.

3. Aber . . . hier kommt der Gegenzug. Das Subjekt ist nicht so dumm, wie es aussieht. Und nicht so unschuldig, wie es selbst vielleicht glaubt. Es spielt dem nächsten einen Streich. Subjekt sucht sich ein neues Opfer, um die unerträgliche Last weiterzugeben (= das sogenannte Schwarzer-Peter-Schieben) und findet dies Opfer in dem sogenannten R.E. (rechtmäßigen Ehepartner) und der W.O.- (Wohlfahrtsorganisation).

4. Die Wohlfahrtsorganisation schickt (oft in Zusammenarbeit mit dem anderen Ehepartner) einen Therapiefritzen. Damit hat der nun den schwarzen Peter und versucht natürlich ihn weiterzugeben. So kommt alles wieder in die Reihe.

5/6. Der Therapiefritze geht dagegen an. Mit sogenanntem »puritanischem feedback« (d. h. Quälen mit dem Müssen). Er hebt den Finger 7: »Ich finde es schlimm, daß du . . .« Oder: »Nun machst du es schon wieder . . . «

Kurz: Die Last wird weitergegeben. Von 1 nach 2, von 2 über 3 nach 4, von 4 nach 5, von 5 über 6 und 7 nach 2, von 2 über 3 nach 4, usw. usw. Perpetuum Mobile.

Wie kannst du es ändern?

1. Anstatt dir selbst oder dem Klienten etwas vorzuwerfen: »Such mich mal« denken und mit den Augen zwinkern.

2. Dafür sorgen, daß du als Therapeut gut sitzt. D. h.: ein bequemer Sessel. Gutes Licht. Wenn erforderlich, einen Flachmann. Ab und zu pinkeln gehen, damit du nicht in der eigenen Scheiße ersäufst. Dich im Klo auf die Brille stellen, damit du den Kopf aus dem Fenster hängen und sieben Mal tief ausatmen kannst. Zurück, kurz auf den Klienten hören und dann zwei Mal den Vögeln lauschen, deinem Magen, deinen Därmen, deinem Rücken. Mal eben nach dem Klienten sehen und dann zweimal eingehend die Zeichnung des Teppichs betrachten.

3. Nicht helfen. Wohl: Da sein. Gesund. Oder deutlich krank. Mit deinen Gefühlen. (Anmerkung: »Ich fühle, daß du . . . « ist nie ein Gefühl, sondern immer eine beurteilende Phantasie).

4. Dafür sorgen, daß dem Klienten »Jemand« gegenüber sitzt, der nicht zu dem Weiter-geben-System gehört.

Therapie und Therapie

Ich höre oft von Menschen, die fünf, zehn oder fünfzehn Jahre Therapie hinter sich haben und dafür ein Vermögen ausgegeben haben. Unglaublich aber wahr! Ich habe wenig Zutrauen zu Therapien, die über längere Zeit gehen.

Therapie macht sich so schnell wie möglich überflüssig, weil sie mehr darauf baut, was Menschen selbst fertig bringen, als was die Therapie oder der Therapeut vermag.

Das Letzte sagen natürlich fast alle Therapeuten oder Sozialarbeiter. Die Eigenverantwortlichkeit des Patienten wird betont, sagt der Arzt. Aber der Patient wird weiterhin als Kranker behandelt. Anstatt ihn zu dem zu machen, was er ist: Der einzige wirkliche Sachverständige in dem, was in ihm vorgeht. Die Verantwortung des Patienten oder Klienten wird ihm dann von Ärzten oder

Sozialarbeitern (oder im Unterricht) eingetrichtert. Von oben nach unten Bitteschön. Merci. Sie »müssen« verantwortlich werden. Natürlich. Und gleichzeitig geht die Fürsorge immer mehr den Weg der Spezialisierung von oben nach unten und baut höhere Schwellen auf für die, die so unglücklich sind, diese »Fürsorge« zu brauchen.

Gruppentherapie

Ich entscheide mich in fast allen Fällen für Gruppentherapie, anstelle der Privatsitzungen, aus folgenden Gründen:

1. Die Abhängigkeit dem Therapeuten-Fachmann (besonders wenn er so einer ist wie ich, der sich immer durchsetzt) gegenüber, kann in einer Gruppe viel besser relativiert werden. In einer Gruppe wird die Hierarchie Therapeut – Klient meistens abgeschwächt.

2. In einer Gruppe kann ich das Gemeinsame, und damit auch Gesellschaftsbezogene eines Problems besser erkennen und deutlich machen. Und dann das gesellschaftsbezogene Stück auch dahin tun, wo es hingehört. Meistens ist es so, daß die Menschen, den Schmerz, den sie haben, für sich behalten. Er wird nicht mit anderen geteilt. Damit enthalten Menschen einander sehr viel Wärme und gegenseitiges Erkennen vor. Aber dazu kommt noch, daß sie auf die Art die gesellschaftliche Unterdrückung, die Ursache von vielem Leid, das in der Therapie zum Vorschein kommt, in Schutz nehmen. Du gehst dann mit deinem heimlichen Schmerz zu einem Psychiater oder Sozialarbeiter und vertraust dein Geheimnis seiner beruflichen Schweigepflicht an. So bleibt das Geheimnis geheim. Die gesellschaftliche Unterdrückung (Wohnverhältnisse, erniedrigende Hierarchie, verfremdende Arbeit, erstickende Rollenmuster von Mann oder Frau...) wird privat und im Geheimen gelitten. Die Gesellschaft, so wie sie jetzt organisiert ist, wird nicht behelligt, als ob sie gar nichts mit dem zu tun hat, was die Menschen krank macht.

Die Gruppe als Ort der Therapie, das miteinander Teilen,

den Schmerz offen darstellen, ist darum bereits ein Stückchen Veränderung der Gesellschaft.

3. Zwölf, fünfzehn, zwanzig Menschen zusammen, haben einander viel zu bieten. Soviel Wärme, Weisheit, Herausforderung, Angriff, Hilfe auf persönlichem und gesellschaftlichem Gebiet, kann ein Therapeut allein gar nicht bieten.

4. Wenn du als Klient geschickt genug bist, kannst du den Therapeuten (und damit natürlich dich selbst) leicht reinlegen. Es ist viel schwieriger einer Gruppe von fünfzehn Menschen etwas vorzumachen, ohne das irgendwo Warnlampen aufleuchten.

5. Therapie mit anderen zusammen stellt gleichzeitig ein Übungsfeld für Kontakte dar und zum experimentieren mit Grenzen. Du kannst mit Menschen, und gegenüber Menschen einen Standpunkt vertreten, usw. Dabei werden dir die Dinge, die du zu dir selbst sagst, bewußter, wenn du sie dir in Gegenwart von anderen sagst.

6. Ich als Therapeut brauche die Gruppe, um ehrlich zu bleiben: Um nicht von der Situation, in der Menschen so viel von mir erwarten, zu profitieren, indem ich ihre Wärme zu mir leite. Denn neben dem Fachmann, der ich bin, ist in mir auch noch ein kleiner Junge, der immerzu auf der Suche nach Wärme und Anerkennung ist. Er hat Angst, abgelehnt zu werden und wagt es nur selten, gerade heraus um die Wärme zu bitten. Er würde schon gern mal von der Therapiesituation profitieren, um unterm Tisch das heimlich wegzustehlen, was er nicht frei heraus zu erbitten wagt.

Eine Gruppe ist in dem Fall ein ganz natürlicher Schutz. Achtundzwanzig Augen haben eher die Möglichkeit zu merken, wann und wo es nicht mehr mit rechten Dingen zugeht.

7. Ich kann Signale aufnehmen, die mir sonst wahrscheinlich entgehen würden. Die Menschen in der Gruppe sind meine Hilfsantennen. Durch ihr Erstauntsein, ihre Langeweile, ihre Aufregung usw. werde ich besser gewahr, was los ist.

8. Eine Gruppensituation gibt Menschen auch die Frei-

heit, in jedem Moment so viel Abstand zu nehmen, wie sie es für sich für notwendig halten. Du kannst einsteigen, mitmachen, einen Umweg machen, wenn es dir zuviel wird oder abseits bleiben. Aus einer entfernten Ecke zuschauen und davon etwas erhoffen. Du kannst was andere machen, auf dich selbst beziehen. Die Gruppensituation bietet mehr Möglichkeiten und ist nicht so zwingend wie eine Privatsitzung.

9. *Und schließlich:* Gruppentherapie ist nicht so teuer. Weniger elitär. Bietet mehr Menschen eine Möglichkeit. Und lehrt Menschen, einander zu helfen ohne teure und oft eigensinnige Spezialisten. Therapie ist dann nur eine Zwischenstation zur Selbsthilfe. Um selbst das zu machen, was du selbst ganz gut machen kannst. Um gemeinsame Probleme gemeinsam anzugehen. Sowas wie: Die Produktionsmittel aus der Hand geben.

Ich finde es wichtig daran mitzuarbeiten. Erkenntnisse und Techniken immer mehr auf die Gruppe zu verlagern. Auch die Sprache, in der ich mich sprechend und schreibend ausdrücke, ist ein Versuch, die Macht der Götter weiterzugeben an das Volk. Der Mythos des Prometheus? Das teure Feuer des therapeutischen Olymps stehlen und es dem Volk bringen, zum Haus-Garten- und Küchengebrauch? Es gibt eine Art Fachwissen, das einer großen Gruppe in kurzer Zeit übertragen werden kann und also nicht in der Hand einer Elite zu bleiben braucht.

10. *Postscriptum*: Vielleicht ist jedoch der Hauptgrund der, daß ich mich in einer Gruppe meist wohl fühle. Lebendig. Jung. Kreativ. Voller Möglichkeiten. Ich blühe richtig auf. Obgleich ... manchmal ... kurz bevor die Gruppe anfängt, fühle ich wie alles in mir fleht und jammert: Laß doch, wenn es irgend geht, diesen Kelch an mir vorübergehen, bitte. Doch nicht mein Wille, sondern Dein Wille, Superego, geschehe.

11. *Kleine Korrektur:* Wenn du es mit Dingen zu tun hast: Sie sind kalt oder du verbrennst dir die Finger oder deinen Hintern an ihnen, du kriegst Schwielen an den Händen oder Splitter in die Finger. Damit kann ich fertig werden: Die lieben Dinge und die gefährlichen Dinge.

Mit Menschen ist das eine ganz andere Sache: Menschen bin ich eigentlich nicht gewachsen. Ich hab verdammt noch mal nicht genug Haut!

Sie gehen mir quer durch die Knochen. Sie stürmen durch mein Laub. Sie zerren an meinen Wurzeln. Sie leben als Parasiten auf meinem Stamm und das kann ich nicht Tag für Tag vertragen. Menschen bin ich nicht gewachsen. Ein paar Freunde, ja. Aber nicht diese Masse. Darum schaffe ich mir Strukturen, in denen ich zur gleichen Zeit nah dran und weit entfernt bleiben kann: Gruppen, Sitzungen, Abmachungen für Therapie oder Lerngruppen.

Ich hülle den Strom von Menschen in Dinge ein. Sichere oder gefährliche Dinge, an denen ich höchstens meine Finger oder meinen Hintern verbrennen kann. Ich lege sie an die Kette, so daß sie nicht zu nahe herankommen und nicht zu weit weglaufen können.

2. Therapie und Gesellschaft

Vorab: Brücke 22

Die Brücke 22 der Schnellstraße ist eingetürzt. Plötzlich. In der Nacht. Konstruktionsfehler? Erosion? Sabotage? Der Verkehrsstrom hörte nicht auf. Die Autos fuhren weiter an beiden Seiten ahnungslos den Hang hinauf. Wenn sie oben anlangten, hörte die Straße plötzlich unter ihren Rädern auf und sie stürzten in die Tiefe des Tales. Zerschellten auf den Felsen: Personenwagen, Lastwagen, Reisebusse, Schulbusse. Das örtliche Sozialwerk unternimmt zum Glück etwas. Man hat im Tal ein Krankenhaus gebaut mit einer hochmodernen technischen Ausrüstung. Ein renommierter Betrieb sorgt für reibungslosen Abtransport des Schrotts.

»Nein, diese Geschichte ist zu krass. Wenn du das so absolut darstellst, ist das ein Schlag vor den Kopf für die Sozialarbeiter, während sie sich doch abrackern für die Menschen. Und es gibt auch welche, die ein Stück vor der Brücke ein Schild aufstellen werden, worauf steht: Achtung, Brücke eingestürzt. Damit ist natürlich die Brücke noch nicht repariert, aber immerhin!«

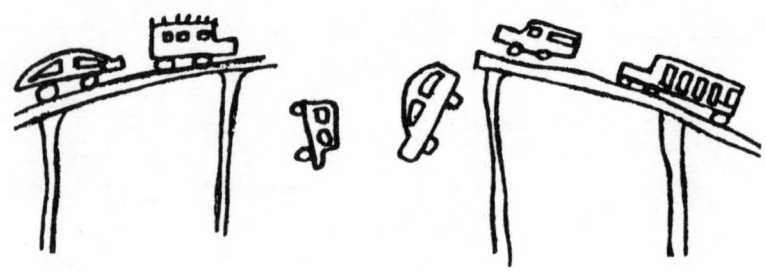

Unausgesprochene Politik
in der Therapie

Du kannst ausdrücklich von einer politischen Entscheidung her handeln, wenn es um Erziehung deiner Kinder, um Unterrichten, um Urlaub machen, um ein Geschäft führen geht oder darum, daß du als Sozialarbeiter irgendwo dein Geld verdienst. Du kannst auch versuchen, jeden politischen Standpunkt da rauszuhalten und so im herkömmlichen Strom mittreiben. Tatsache bleibt, daß durch »die Art und Weise wie« und den Ort »wo« du arbeitest, du dich für eine bestimmte Art der Gesellschaft entscheidest und sie faktisch unterstützt. Das gilt auch für die Sozialarbeit, die Therapie heißt.

Therapie beinhaltet eine politische Entscheidung

Deine Art zu leben und zu arbeiten, die Entscheidung, was du mit Klienten machst und was du nicht mit ihnen machst, der Platz, den du dir selbst als Therapeut zumißt, die »Art« von Therapie, die du machen willst, dies alles bringt zum Ausdruck, wie du dich zu anderen Menschen verhältst. Das ist sozial leben. Dein soziales Gesicht. Du drückst damit aus, was für eine Beziehung du zu deinen Artgenossen haben willst. Darin ist eine unausgesprochene politische Wahl enthalten. Willst du alles für deinen Klienten regeln? Sein Ruder eine Zeit lang übernehmen? Werden die Klienten dein Eigentum, wobei dir alle Rechte vorbehalten bleiben vor konkurrierenden Kollegen? Empfängst du deine Klienten in einem Wartezimmer? In der Küche? Duzen oder Siezen sie dich und wer bestimmt das? Stellst du Diagnosen? D. h.: Bestimmst du, Person A, was los ist mit Klient B, oder hilfst du ihm, das selbst zu entdecken? Machst du (eventuell nach Absprache mit einem Kollegenkreis) einen Behandlungsplan für Klient C, wo er, der einzige Sachverständige in Bezug auf C, nicht dabei ist?

Die hierarchischen Beziehungen in der Fürsorge

Wie bist du übrigens selbst zu dem helfenden Beruf gekommen, in dem du bist? Glaubst du deinen Platz in der Welt zu finden, indem du eine helfende Funktion ausübst? Du als »unterwürfiger Diener von anderen« sitzt dadurch eine Stufe höher in der Hierarchie. Sicherer Ort! Vor allem, wenn du dich fürchtest, Beziehungen auf gleicher Ebene anzuknüpfen. So kannst du die Sache (= die Beziehung) selbst in die Hand nehmen. Dieses Stück Macht ist wichtig, wenn du vor Menschen Angst hast. In einer helfenden Funktion hast du Macht über denjenigen, dem du hilfst. Als Sozialarbeiter, als Mutter, als Priester, als Therapeut, als Krankenschwester. Das Risiko in der Beziehung liegt dann bei dem Anderen.

Ich fühle mich zum Beispiel für Menschen sehr verantwortlich. Zum Teil kommt das natürlich daher, weil ich so nett bin. Ich genieße es, leckere Sachen zu kochen für die ganze Bagage. Menschen verwöhnen. Eine Atmosphäre der Gastfreundschaft und Behaglichkeit zu schaffen. Zugleich ist das aber auch Ausdruck einer Hierarchie. Von Macht. Und mich verantwortlich für die ganze Welt fühlen ist eine Art und Weise, wie ich mich zum »Verantwortlichen für die Welt« mache.

Jesus Christus!

Und wie toll bin ich, daß ich das schon begriffen hab...

Das Teufelchen in der Schachtel hat eine Schachtel in der Hand mit einem Teufelchen darin, das in der Hand eine Schachtel mit einem Teufelchen darin, das in der Hand eine Schachtel hat mit einem Teufelchen darin usw.

Vor ungefähr sieben Jahren kritisierte Petra mich zu recht, das sah so aus:

Ich habe ein Problem, sagte sie. Und da kommst du dann an, der Helfer mit dem Werkzeugkasten. Und du sagst: »Petra, du mußt damit natürlich selbst fertig werden. Hier ist der Hammer. Hier ist die Kneifzange, die Rohrzange und der Kombischlüssel. Hier sind Schrauben. Und Muttern. Hier ist ein Schraubenzieher. Hier noch einer. Wenn du den Bohrer brauchst: Hier sind Holzbohrer und Steinbohrer, usw.« Und ich, Petra, bin nur noch am aufpassen und nachdenken. Mein Kopf ist ganz bei deiner Werkzeugkiste. Aber nach einiger Zeit frage ich mich: »Ich hatte doch ein Problem? Wie war das denn nur?«

Was für ein Menschenbild liegt dem zu Grunde?

Ich frage mich: Was sind Menschen für mich, wenn ich alles für sie regeln will? Klar ist auf jeden Fall, daß ich auch das Produkt einer Kultur bin, in der hierarchisches Denken gang und gäbe ist. Sobald ich mich aber bei diesen Dingen erwische, bin ich nicht mehr das Opfer dieser Art von Denken. Dann kann ich auch die andere Seite aussprechen, die der Verbündete der Menschen ist: Ich will nicht über anderen stehen. Das merke ich an den hunderten von Malen, wo ich mich über andere stell, und dann, sobald ich es merke, meinen Kurs korrigiere.

Was will ich eigentlich von Menschen? Ich will nicht mit meinen Holzpantinen auf junge Pflänzchen treten. Ich ertrage es nicht, wenn andere das tun in meiner Gegenwart. Meistens werde ich rasend, wenn Menschen übertölpelt werden von Maklern, Politikern, Therapeuten, Pastoren, Eltern, Hausärzten. Ich will Menschen nicht aufwiegeln oder runtermachen mit Idealen, die sie erreichen müssen. Doch eins tue ich: Ich setze mich für »Jedesmal-Neu-Beginnen« ein. Für den Kampf und nicht für die Kapitulation. Und so bleib ich gesund. Ich hab das Bedürfnis herauszufinden, was echt ist und was Nepp. Durch die ganze Geschenkverpackung der Politiker oder Kirchenfürsten oder Werbefachleute oder Erzieher oder Klienten oder Partner hindurch will ich sehen, wo Scheiße mit Schlagsahne anstelle von Negerküssen geliefert wird.

Ich möchte mit Menschen zusammen entdecken, wo

sie anstatt gesegnet, bemogelt werden. Auch wo sie sich selbst beschummeln mit Dingen, die es gibt. Ich finde es wichtig zu entdecken, wie ich bin, und ich freue mich, wenn andere entdecken, wie sie sind. Vielleicht traurig. Oder sterbend. Oder genießend und voll Leben.

Möglicherweise bildet dies alles zusammen mein Menschenbild. Bruchstückweise. Voll von Gegensätzen. In Bewegung. Unfertig.

Abstrakte Menschenbilder im Sinne von »Ich will, daß Menschen frei werden, bewußt werden, usw.,« oder »Freiheit, Gleichheit, Brüderlichkeit«, oder »Ich glaube an den Menschen und seine Möglichkeiten« sagen mir nichts. Da kannst du noch jede Richtung einschlagen.

Mit dem konkreten Menschenbild, das mich dazu bringt, die Sachen zu machen, die ich mache, fördere ich eine bestimmte Form des gesellschaftlichen Verkehrs oder ich verändere sie. Ob ich es will oder nicht.

Ausgesprochene Politik und Therapie

Du kannst die krankmachende Gesellschaft nicht ungestraft davonkommen lassen.

Wenn eine große Anzahl von Menschen krank, unzufrieden, angespannt und verwirrt ist, dann kommst du nicht daran vorbei, dir die krankmachenden und spannungserregenden Strukturen in der Gesellschaft anzusehen: Arbeitsbedingungen, Wohnungsprobleme, die Rolle von Mann oder Frau, Stadtteilstruktur usw., Gehst du dann in die Sozialarbeit oder in die kirchliche Arbeit und »lehrst« die Menschen mit diesen Tatsachen zu »leben«? Oder wirst du ein Verbündeter des Protestes gegen gesellschaftsbedingte Unmenschlichkeit, die an der Zerrüttung der Individuen zutage tritt?

Wenn eine große Anzahl von Menschen in dieser Gesellschaft vor den gleichen Dingen Angst hat, dann sind da nicht nur ängstliche Menschen, sondern dann ist auch diese Gesellschaft beängstigend.

Menschen haben Angst, entlassen zu werden. Angst nichts mehr zu gelten, wenn sie die fünfundvierzig überschritten haben, und dann auch keinen Job mehr zu bekommen. Angst, weil ihr menschlicher Wert an ihre Arbeitsleistung gekoppelt wird. Angst, alt und krank zu werden.

Sie passen offensichtlich nicht richtig in ihre Welt. Die gestörte Beziehung zwischen Menschen wird an Alkohol- und Drogenmißbrauch sichtbar. An der Abhängigkeit von Ärzten und Medikamenten. An dem immer mehr am-Rand-der-Gesellschaft leben. Blau machen. Abgebrochenes Studium. Neigung zu Gewalttätigkeiten.

Du kannst dich in der Sozialarbeit mit diesen Tatsachen abfinden, wie mit einem Verhängnis und kannst die Opfer etwas aufpäppeln. Du kannst auch vertrösten mit der angstvermindernden Tatsache, daß wir alle in einem Boot sitzen und also zusammen etwas tun können.

Wieviel therapeutische Kraft steckt in dem Satz: »Alle durch dasselbe Unrecht Unterdrückten vereinigt euch«?

Die sogenannte Sozialarbeit

Der Ausdruck Sozialarbeit ist irreführend. Auf den ersten Blick scheint es, als ob sie sich mit dem »Sozialen«, mit dem Wohlsein der Menschen beschäftigt. Diese irreführende Suggestion ist ein Aufruf an die noblen Gefühle der dort arbeitenden Menschen: Mitleid von oben herab, Retter-in-der-Not-Gefühle, das calvinistische universelle Schuldgefühl . . . Aber die Klienten werden mit diesem Ausdruck betrogen. Denn tatsächlich beschäftigt sich die offizielle Sozialarbeit mit etwa sehr marginalem, das wenig Einfluß auf die gesellschaftlichen Entwicklungen hat, die im Gange sind. Sie ist meist eine Art von Auffangstation für Menschen, die aus dem Zug der Gesellschaft oder der Familie oder des Betriebes gefallen sind. Aber an diesem Zug selbst wird nicht gerührt. Die Sozialarbeit, wie wir sie jetzt kennen, hat sich nach dem zweiten Weltkrieg stark entwickelt. Ein weitverzweigtes Institutengebilde. Hilfe für die Niedrigstlohnempfänger. Für andere zurückgebliebene Bevölkerungsgruppen. Sozialarbeit. Volksbildung. Hilfe für Problemgruppen. Hinter einige Hauptlinien dieser Entwicklung will ich hier gesellschaftliche Fragezeichen setzen.

1. Die sogenannte Professionalisierung

Sozialarbeiter haben von ihrer Ausbildung auf dem Sozialpädagogischen Institut und der Hochschule immer mehr professionelle Ambitionen. »Deine Arbeit besser machen können« ist dabei eins ihrer respektablen Motive. Und durch größere Sachverständigkeit auf der sozialen Leiter höher steigen ist ein ebenso respektables Motiv.

Aber da ist noch mehr. Bei mir fängt eine Warnlampe an zu blinken, wenn ich sehe, daß der Abstand zwischen Sozialarbeitern und Klienten größer wird. Wenn die Menschen, um die es geht, in eine Situation geraten, in der sie »weniger wert« sind. Wenn für die Klienten mehr Schwellen geschaffen werden. Weniger Mitbestimmung. Weniger Einsicht und weniger Übersicht über das, was mit ihnen oder für sie getan wird. Eigentlich ist die Professionalisierung ja nicht nur eine Notwendigkeit oder der Wunsch der Sozialarbeiter. Sie gehört auch zu der Konkurrenz, die zwischen den verschiedenen Einrichtungen, die Absatzambitionen auf dem Sozialmarkt haben, besteht. Sie versuchen sich zu vervollkommnen und zu professionalisieren, damit sie bei einem Vergleich mit anderen Institutionen gut abschneiden. Die sogenannte Entpolarisierung hat daran nichts wesentliches geändert. Kirchen und andere private Organisationen bauen ihre Machtposition weiter aus auf dem Markt menschlich-gesellschaftlichen Leides und bekommen dafür ihre Zuschüsse. Das daraus unmenschliche Situationen entstehen können, wird niemanden verwundern. (Sei z. B. mal der Patient, den sie dringend brauchen, um die Bettenanzahl voll zu bekommen, um höhere Zuschüsse zu erhalten!) Die bürokratischen Interessen und das Machtstreben der Institutionen kommen dem Klienten nicht zugute.

Die sogenannte Professionalisierung ist hierin eingebettet. Klienten müssen sich immer mehr in den Rahmen einpassen, in dem sich Fürsorge zur Hilfe anbietet. Du warst schon in der Klemme der gesellschaftlichen Mühle. Sonst wärst du ja gar nicht zum Sozialamt hingegangen.

Und jetzt ist es sehr wahrscheinlich, daß du dich aufs neue festfährst in einem Irrgarten von abgerichteten Spezialisten und Bürokraten, die Sozialarbeiter heissen.

So passiert es, daß Menschen zum Spielball werden im Konkurrenzstreit, Nutznießer auf demselben Sozialmarkt. Was kann man daran ändern? Wenn du jedem Milchmann, der auf der Straße verkauft, seinen Bezirk zuteilst – Regionalisierung nennt man das in der Sozialarbeit – dann löst du damit eine Menge Probleme. Zumindest für die Milchmänner.

2. Ansturm auf die Methoden und Techniken

In dieser Atmosphäre ist eine regelrechte Methodenjagd entstanden. Studenten (auf der Sozialpädagogischen Akademie, auf Fach- und Hochschulen), die ihr Brot auf dem Wohlfahrtsmarkt verdienen wollen, fordern Methoden. Die Art und Weise, in der sie gefordert werden, läßt oft auf eine sehr hierarchische Einstellung schließen. Ungefähr so: Lehrt uns die Formeln, nach denen die Menschen in die Richtung geändert werden können, von der wir wissen, daß sie gut für sie ist. Oft wollen Studenten lernen, ihre Klienten in gut voneinander zu unterscheidende Typen einzuordnen, um dann die jeweils dazu passende Veränderungstechnik anwenden zu lernen. So wird der Abstand zwischen ihnen und ihren Klienten größer. Die Sozialarbeiter werden Besitzer der Produktionsmittel des Wohlfahrtapparates. In dem Maße, in dem die Spezialisierung fortschreitet (= immer mehr wissen über immer weniger), wird der Klient weniger in seiner Totalität gesehen, als Mensch-in-der-Gesellschaft, und wird immer unmündiger gemacht. Der Vertreter der bestehenden gesellschaftlichen Verhältnisse weiß, was gut für dich ist. Und für den Klienten gibt es kaum eine Möglichkeit, Berufung einzulegen gegen die Art, wie er behandelt worden ist oder wie man mit ihm umging, auch nur zu kritisieren. Auch hier wird das Zusammenleben von »Sachverständigen« beherrscht.
Der Fachjargon (durchwachsen von einer Menge Amerikanismen) treibt bei den Sozialarbeitern denn auch Blüten. Es gehört zu ihrem »Stand«. Sie gebrauchen ihn um so mehr, je unsicherer sie werden und in ihrer Verwirrung ein größeres Bedürfnis nach Hierarchie bekommen, nach Abstand zu dem Klienten-als-Menschen, dem sie nicht einfach in die Augen zu schauen wagen. Gleichzeitig ist der Jargon eine Droge. Er rückt sie ein Stück von sich selbst ab und ist eine teure Verpackung ihrer eigenen Verarmung. Der Preis, der bezahlt wird für das Aufsteigen auf der Leiter des Systems?

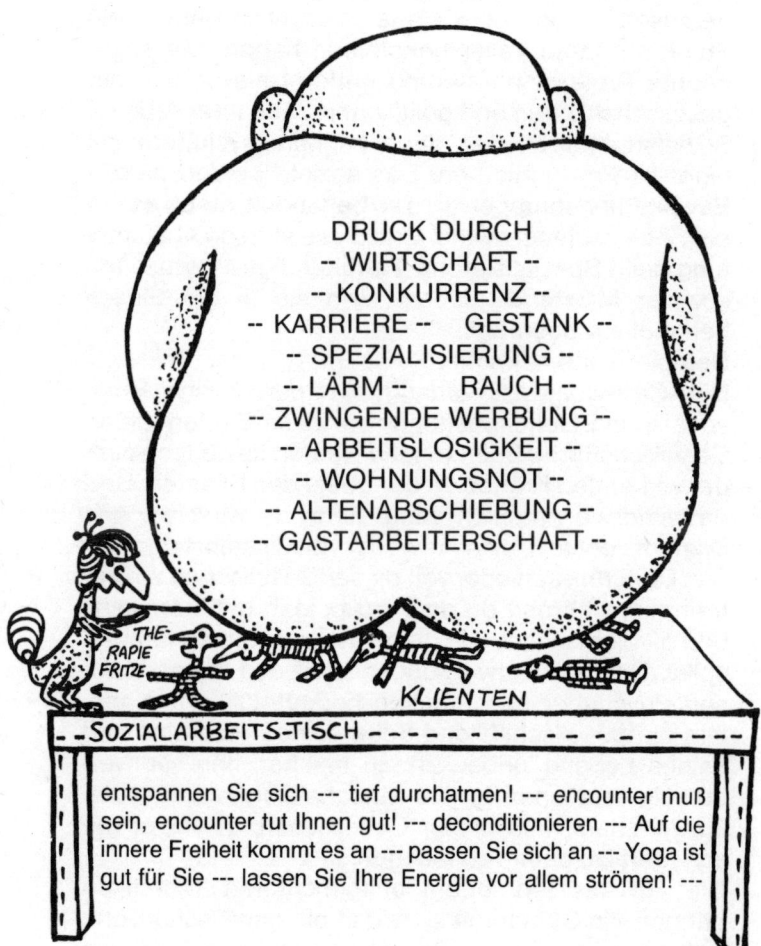

DRUCK DURCH
-- WIRTSCHAFT --
-- KONKURRENZ --
-- KARRIERE -- GESTANK --
-- SPEZIALISIERUNG --
-- LÄRM -- RAUCH --
-- ZWINGENDE WERBUNG --
-- ARBEITSLOSIGKEIT --
-- WOHNUNGSNOT --
-- ALTENABSCHIEBUNG --
-- GASTARBEITERSCHAFT --

THE
RAPIE
FRITZE

KLIENTEN

--SOZIALARBEITS-TISCH --------

entspannen Sie sich --- tief durchatmen! --- encounter muß sein, encounter tut Ihnen gut! --- deconditionieren --- Auf die innere Freiheit kommt es an --- passen Sie sich an --- Yoga ist gut für Sie --- lassen Sie Ihre Energie vor allem strömen! ---

3. Leiden-an-der-Gesellschaft zu Privat-Leid machen

Immer mehr Spezialisten haben immer weniger die Übersicht über die Probleme als Ganzes. Der Gesichtskreis der Mitarbeiter wird eingeengt auf die Konturen ihrer Spezialisierung und der Einzelberatung. Damit haben die Sozialarbeiter Hände, Kopf und Bauch so voll, daß es als ein Luxus erscheinen würde, sich auch noch mit dem gesellschaftlichen Problem auseinanderzusetzen, von dem sie ja tatsächlich gerade ein Stück auf ihren Teller bekommen haben. Die sogenannte Professionalisierung entfernt sie so von der gesellschaftlichen und politischen Seite ihrer Arbeit.
Sozialarbeiter werden dann zu Minipsychatern mit eigenen Privatpatienten. Das soziale Leiden ganzer Bevölkerungsgruppen wird so behandelt, als ob es nur ein Seelenschmerz wäre. Und diese stupide Abstumpfung heißt Spezialisierung. Fachkundiges Vertuschen sozialer Mißstände, indem man sie in die Einzelbehandlung überträgt.
Delegiere und herrsche.
Die »Casework« z.B. verlangt eine persönliche Atmosphäre und Geheimhaltung, wie beim Seelendoktor. Gesellschaftliche Spannungen werden zu gegeneinander wirkenden Kräften, in der Seele des Klienten. Und das sind sie natürlich auch, denn du wirst vor das Dilemma gestellt, dich entweder von dir selbst und deinen Bedürfnissen oder von dieser Gesellschaft zu entfremden, während du doch zu beiden gehören willst und oft nicht siehst, wie du beides zusammen bringen sollst. Den Bewußtwerdungsprozeß des Klienten auf sein Privatleben beschränken, bedeutet zu versuchen, ihm die gesellschaftliche Seite seines Problems und seines Lebens 'unbewußt' zu machen. Ihn sachverständig versuchen für die wirtschaftlichen und sozialen Mechanismen dieser Gesellschaft, in der er gescheitert ist, dumm zu machen.
Die auf das Individuum ausgerichteten Techniken bringen die Gefahr mit sich, daß die gesellschaftliche Seite der Probleme untergeht: unerträgliche soziale

Normen, unmenschliche Wohn- und Arbeitssituationen, Versagensangst, produzierende Konkurrenzatmosphäre im Unterrichtswesen und in der Erziehung.

So wird die Wirklichkeit in Scheiben geschnitten. Die gesellschaftlichen Scheiben links und die menschlichen oder Beziehungs-Scheiben rechts, gut voneinander getrennt. Dazwischen ist lange Zeit nichts. So, als ob es sich um zwei voneinander getrennte Welten handelt und nicht um zwei Dimensionen des Menschseins.

Zwar beschäftigt man sich noch mit dem 'sozialen Funktionieren' des Klienten, aber das bedeutet dann: Dafür sorgen, daß er sich wieder mitdrehen kann in der Mühle dieser Neo-kapitalistischen Verhältnisse.

So wird die Sozialarbeit von ihren politischen Aspekten gesäubert. Unsere Hände bleiben sauber. Ein Glück. Sonst könnte es uns passieren, daß wir unsere Zuschüsse verlieren und in die anrüchige Schublade von alternativen Klubs geraten.

4. Hand in Hand mit dem Produktionssystem

Die Aufgaben sind in unseren bestehenden Verhältnissen gut verteilt. Das Produktionssystem hat freie Hand auf dem 'Wohlfahrtsmarkt': Es kann in Ruhe wuchern, die Bedürfnisse der Menschen auf dem Weg über die Werbetricks verändern und krank machen, die Umwelt vergiften. Das hat es – zu einem Teil – dem sogenannten Wohlfahrtswesen zu verdanken, das auf dem 'Wohlfahrtsmarkt' die Aufgabe hat, soziales Unrecht zu verschleiern. Indem es sozialpolitische Situationen von individuellem Wohlergehen trennt. Indem es weltweite Klassenprobleme einfach zu Stadtteilproblemen macht. Indem es politisch–wirtschaftlichen Problemen einer Gruppe (z. B. von Gastarbeitern) mit Paketen von Hilfsmaßnahmen zu Leibe rückt. Kein Wunder, daß sich immer mehr Betriebe bereit finden, diese Art von Sozialarbeit finanziell zu unterstützen. Gesunde Investition. Die Organisation dieser Sozialarbeit baut sich genauso auf, wie sie es sich vom Betriebsleben abgeguckt hat: Zentralisation, größerer administrativer Griff auf die Gliederungen, Regionalisierung des Marktes, Fusionieren mit Vorstandsanteilerhaltung der verschiedenen interessierten Säulen, betriebsmäßige Rationalisierung, Bürokratisierung, Einfluß auf public relations Werbekampagnien, die hierarchische Kontrolle vergrößern, usw., Wohlfahrtsindustrie?

Für das Wohl sorgen

Für das Wohl sorgen ist jedoch mehr. Das Wohl ist auch: Freude an deiner Arbeit haben können und stolz auf das sein können, was du mit deinen Händen geschaffen hast. Sehen, daß das, was du tust, einen Sinn hat. Dich besser fühlen durch deine Arbeit. Nicht nur finanziell, auch als Mensch. Ein gemütliches Nest haben: Eine Wohnung und eine Wohnumgebung, in der du zur Ruhe kommen kannst. Wo du nicht aufgefressen wirst vom Lärm einer Bundesstraße, die an deinem Haus vorbeiführt. Ferien machen können, ohne dich belatschern zu lassen von der Freizeitindustrie. Einen Hausarzt oder Zahnarzt zu Rate ziehen können, der dich achtet. Ein bißchen verantwortlich für dich selbst sein können. Frei sein von der Verwirrung, die geschickte Werbeleute schaffen, so daß du schließlich nicht mehr weißt, was du wirklich brauchst und was gut für dich ist. Nicht erniedrigt werden, wenn du ins Krankenhaus eingeliefert wirst. Erniedrigt durch ein System, das dich für unmündig und schwachsinnig erklärt und dir die Mitbestimmung über deinen eigenen Körper entzieht. Nicht erniedrigt werden durch Ärzte, die von oben auf dich herabgucken. Über dich und dein Kind urteilen und beschließen, ohne dich oder dieses Kind zu fragen. Dir nichts von den schädlichen Nebeneffekten ihrer Behandlung erzählen. Dir nicht erzählen, daß sie selbst in ihrer Arbeit sehr unsicher sind und nicht wissen, was mit DIR los ist. Denn sie haben in ihrer Ausbildung zwar etwas über Krankheiten gelernt, aber offensichtlich nichts über Menschen.

Das Wohl ist: Nicht über lange Zeit von deiner Familie

getrennt werden, um in einem fernen Land eine Stellung zu bekommen, die dort niemand haben will.

Das Wohl ist: Eine Ausbildung bekommen, die zu dir paßt. An einer Schule, die dich nicht krank macht. Wo du die Freude erlebst, selbst zu entdecken und nicht endlose Gelehrsamkeit schlucken mußt. Wo dein Gefühl dazugehört. Und die konkrete Welt auch. Wo nicht der Terror von Examina und dem Dozentenstab 'da oben' herrscht.

Das Wohl ist: Nicht betrogen werden von einigen kleinen Leuten, die, sobald sie ein Stück Macht haben, damit umgehen, wie die großen Mächte mit ihnen umgehen. Ich denke dabei an den Hausmeister, den Klempner, den Sozialarbeiter, den Studenten.

Das Wohl ist: Nicht den Gestank der Fabriken einatmen müssen. Nicht durch giftige Gase der Industrie oder durch unmöglich abzusichernde Kernreaktoren bedroht werden. Die ganze Wahrheit wissen dürfen über Nebeneinkünfte des Königshauses oder anderer auf Gewinn ausgerichteter Betriebe. Und mit der Allgemeinheit ein Wörtchen mitreden können über die Art und Weise, wie das große Geld gemacht wird, anstatt tatenlos zusehen zu müssen, wenn mal wieder zufällig ein weltweiter Schwindel ein stückweit durchsickert.

Wieviel Prozent der Wohlfahrtsarbeit dann noch mit reiner individueller Verselbständigung und wieviel vor allem mit gesellschaftlicher Bewußtwerdung und struktureller Veränderung zu tun hat, wird keiner sagen können. Aber, wenn du dich nur mit persönlichem Wachstum beschäftigen willst und die Augen vor der gesellschaftlichen Mündigsprechung und vor dem gesellschaftlichen Wohlergehen verschließen willst und dann denkst, daß das schon alles 'werden wird'..., dann bist du jemand, der viele Dinge nicht sehen will. Und jemand, der obendrein noch denkt, daß einige Dinge sich von allein entwickeln . . .

Menschliche Probleme, mit denen du in der Therapie zu tun bekommst, sind zugleich die in das Fleisch von Individuen geschriebenen Problemen dieser Gesellschaft.

Therapie ist darum noch kein Ausgangspunkt für Gesellschaftskritik. Das sind Menschen. Besonders Menschen als Gruppe. In der Therapie kommst du höchstens – wenn du offene Augen hast – in Berührung mit der gesellschaftlichen Angst und Bedrängnis der Menschen. Konkret heißt das: Du kannst mich als Produkt dieser Gesellschaft erkennen an meinem hierarchischen Denkschema, an der Art meiner Schuldgefühle und meiner Versagensangst. Und gleichzeitig: Du kannst in meinen Schuldgefühlen und in meiner Versagensangst diese Gesellschaft erkennen, mit ihrem kranken Leistungsdruck und ihrem hierarchischen Terror.

So scheint zum Beispiel der sexuelle Verkehr auf den ersten Blick etwas rein persönliches und körperliches zu sein. Aber die Art, wie er gemacht wird und die Bedeutung, die er hat, haben direkt mit der Kultur und mit den Normen, in denen wir aufgewachsen sind, zu tun: die Hierarchie zwischen Mann und Frau; die Art, wie du als Mann und die Art, wie du als Frau deine Macht ausübst; das, was ist, genießen können oder es nicht genießen können, die Atmospähre der Leistung oder des Vergleichens, das Vermeiden von Konflikten und dann eben deine eigenen Interessen einfach wegschieben.

Vielleicht kann die Verkoppelung der eigenen Bewußtwerdung mit der gesellschaftlichen Bewußtwerdung dafür sorgen, daß Menschen in der Therapie nicht mehr das zu ihren persönlichen Lasten schreiben, was zum großen Teil auf das Konto der Gesellschaft gehört und daß unsere politische Entscheidung mehr sein wird, als das bloße hinter einem linken oder rechten Anführer herlaufen.

Es gab einen Mann, der wollte in dieser unfreien Welt frei sein. Er zog sich aus der Hektik der Stadt zurück (Es ist mir viel zu laut und zu unruhig!). Er kündigte all seinen Vereinen die Mitgliedschaft auf (»Doch alles nur Mist!«). Und auch mit der Politik wollte er nichts mehr zu tun haben (»Die eine Partei ist ja auch nicht besser, als die andere!«). Er mietete sich auf dem Land ein alleinstehendes Haus. Er traf alle Vorkehrungen, um die unfreie Welt auszuschließen. Riegel vor alle Türen. Gitter vor die Fenster. Eine hohe Mauer um das Stückchen Land, das zu seinem Haus gehörte. Eine eiserne Pforte, um den Zugang zu verschließen.

Er machte die Pforte hinter sich zu. Sie quietschte. Er legte eine Kette vor, hängte sorgfältig ein Vorhängeschloß ein, drehte den Schlüssel im Schloß, zog ihn heraus, verschluckte ihn sicherheitshalber sofort und betrat nun sein freistehendes Haus.

Auch die Türen sorgfältig hinter sich abgeschlossen. Fensterkontrolle. Endlich.

Nun war er frei.

So frei wie ein kleiner Unternehmer.

Tatsächlich handelt die oben geschilderte Geschichte auch von dem Sozialarbeiter, der so frei wie ein kleiner Unternehmer sein wollte.

Mit organisatorischen Dingen beschäftigte er sich nicht mehr. 'Das macht dich ja doch nur todmüde. Und in Wirklichkeit erreichst du nichts damit. Wo es um Strukturen geht, strampelst du dich umsonst ab. Am besten mauschelst du ein bißchen mit deinen Terminen, um es auf ein erträgliches Maß zu bringen. Tatsache ist doch, daß du nichts verändern kannst.' Mit Politik gab er sich überhaupt nicht mehr ab: 'Das ist doch alles eine einzige Schweinerei!' 'Der nächste bitte', sagte er zu dem Klienten und machte die Tür hinter sich zu.

Immer mehr Menschen versuchen, den Konflikt zwischen der Gesellschaft und ihren eigenen Bedürfnissen zu lösen, indem sie sich isolieren.

Frei-sein wird dann gleich gesetzt mit allein-sein. Dein eigener Herr sein bei den Dingen, die du für dich selbst machst. Die Mitbestimmung der falschen Welt ausschließen.

Eine Grenze um deinen Platz ziehen. Um dein eigenes Dasein und das deiner Familie oder einer Gemeinschaft Gleichgesinnter. Das Lauernußprinzip.

Du wirst dein eigener Bäcker und klopfst dir selbst wohlwollend auf die Schulter, wenn das Brot in Ordnung ist. Du wirst dein eigener Tischler, Bauunternehmer, Elektriker und sogar Gemüsemann, wenn du dir noch irgendwo einen kleinen Gemüsegarten organisieren kannst.

Hast du auch noch eine kleine Familie, dann könnt ihr innerhalb der Grenzen von ein und derselben Nuß zueinander sagen: Prima, prima, prima. Ihr stellt euch in einem Kreis auf und gebt das anerkennde Auf-die-Schulter-Klopfen und über-den-Kopf-Streicheln aneinander weiter. Großartig.

Mein Vater wäre 101 Jahre alt, wenn er jetzt noch leben würde, schreibt Ursel.

Meiner Ansicht nach war er ein großer Mann. Wenn er uns aus seiner Jugend erzählte, genoß ich das immer.

So erzählte er mir einmal, als ich noch ein Kind war:

'Ich war ein fauler Schüler, und ich wollte das letzte Schuljahr nicht zu Ende machen. Ich wollte lieber andere, größere Dinge tun. Also fing ich als Stift bei einer Bank an zu arbeiten; mein Vater kannte den Direktor der Bank sehr gut; ich kam aus einem wohlsituierten deutschjüdischen Haus.

Nun ging ich jeden Tag – geschmückt mit einem breitrandigen Schlapphut und einem dazu passenden Schlips – zur Arbeit, wo ich gewichtig eintrat und dann recht und schlecht meine Arbeit machte – ein Jahr lang.

Jeden Abend und jeden Morgen verbeugte sich der alte, armselige und gekrümmte Portier vor mir, wenn ich kam oder ging.

Ich bekam Mitleid mit dem Mann und einmal sprach ich ihn an und fragte ihn nach seiner Familie und überhaupt nach seinem Leben. Ich erschrak sehr über die Armut und über das Leid dieser Menschen. Abends im Bett und jeden Tag, wenn ich an ihm vorbei kam, fühlte ich das Mitleid und manchmal wurde es mir eng in der Kehle.

Bis ich begriff, daß ich Mitleid mit ihm haben konnte und ihm ein Trinkgeld geben konnte, daß ihm das aber nicht weiterhalf. Daß es Tausende von Menschen wie ihn gab, denen mit Mitleid nicht geholfen war.

Ich suchte nach einem Weg, wie ich dem Portier und Menschen wie ihm (gezielter) helfen könnte. Ich ging wieder zur Schule, machte meinen Abschluß, studierte Jura, beschäftigte mich eingehend mit Marx und Engels und spezialisierte mich auf Arbeitsrecht.'

Mein Vater wurde einer der Mitbegründer des Arbeitsrechts und der Tarifverträge in Deutschland nach dem ersten Weltkrieg.

Ich bin klein und sie sind groß

'Das ist ja alles gut und schön, aber dich als Sozialarbeiter gleichzeitig mit dieser ganzen komplizierten Gesellschaft beschäftigen müssen, das kann doch keiner. Was können wir, kleine Menschen, denn schon gegen die Mächte ausrichten, die das Wohl der Menschen kaputt machen? Sie sind stark, anonym, ungreifbar. Da müßten wir ja Supermenschen sein! Am Anfang, ja, da gibst du in deinem Idealismus einige Jahre lang dein Bestes. Du läufst von der einen Initiative zur anderen. Du steckst all deine Freizeit, all dein Geld hinein. Aber wer kann das denn durchhalten? Soll ich mein Leben und das meiner Familie dadurch vergiften, daß ich es fülle mit dem Mangel an Wohl, der in großem Umfang diese Welt heimsucht? Mich und meine Familie auch unglücklich machen, weil andere unglücklich sind? Wie machst du das eigentlich? Oder. . . dürfen wir das nicht fragen?'

Manchmal fühle ich mich ganz klein, wenn ich mich mit Menschen vergleiche, die viel mehr politische Arbeit machen. Mein öffentliches politisches Engagement von früher ist verschwunden. Und als Gastarbeiter in den Niederlanden darf ich nicht einmal alle paar Jahre meine Stimme zur Wahl abgeben.

Mit einem Stück Mentalitätsveränderung beschäftigt zu sein, ist ausreichend um ein Menschenleben sinnvoll zu füllen. Zum Beispiel: Menschen begreiflich machen, daß es ein Wahnsinn ist, nur zu arbeiten um Geld zu verdienen, das du dann wieder für Dinge ausgibst, die du gar nicht brauchst. Aber es muß mehr passieren mit Unterstützung der Macht politischer Parteien, Gewerkschaften, Bürgerinitiativen und ähnlichem, die Machtstrukturen zurückzudrehen können. Protestaktionen, die bis ganz oben gehört werden, so daß Entscheidungen einer Stadtverwaltung ungeschehen gemacht werden und keine Hochhäuser mehr das Umland der Städte zerstören und Groningens Abwasserkanäle nicht durch das Naturschutzgebiet laufen werden.

Seit einigen Jahren bin ich kein aktives Mitglied sogenannter linker Gruppen mehr. Ich fühle mich in ihnen nicht mehr wohl. Die linken Gruppen, die ich kenne, sind mir zu fanatisch. Unduldsam denen gegenüber, die nicht der richtigen Lehre angehören. Du darfst dort nicht anders sein, wenn du anders bist. Du wirst da schnell zu einem Vertreter von etwas. Ihre Praktiken erwecken eher mein Mitleid als meine Anerkennung: Kämpfen gegen die Macht und selbst ein beängstigendes Bedürfnis nach Macht hinter Parolen wie 'alle Macht dem Volke' verstecken.

Ich will dabei vorläufig nicht mitmachen. Ich habe es satt, dies mittrotten und mich anpredigen lassen. Meine Seele will nicht mehr mittrotten. Und nicht mehr mit Predigten überschüttet werden. Vielleicht werde ich alt?

Dennoch merke ich, und das macht mich zufrieden, daß mein politisches Engagement noch da ist. Anders. Kleiner. Näher bei mir. Mitmischen statt stillhalten. Was beinhaltet das? Ich will versuchen, dieses wenige politische Mitmischen durchzuhalten. (Mit 'politisch' meine ich: Alles, was ich allein oder noch lieber mit anderen zusammen mache, um die kollektive Geschichte der Menschen mitzuformen. – Junge, wie gut das klingt!)

Was beinhaltet 'politisch arbeiten' für mich in diesem Moment?

– Mehr auf die Praxis, weniger auf die Karriere ausgerichtet sein. Weniger auf Ergebnisse. Mehr auf das Miteinander-etwas-tun. Mich weniger fragen: 'Was bringt es ein (=Produktion)? oder: Wie groß ist mein (meßbarer) Einfluß auf die gesellschaftlichen Veränderungsprozesse, für die ich eintrete? oder: Ist alles, was ich tue, mehr als das warme Tröpfchen, das eine kleine Krähe in das große kalte Meer scheißt?'

– Mehr in Begriffen von 'sein' und 'leben' denken.

– Diese Gesellschaft so sehen, wie sie ist. Eine Tatsache. Eine vorläufige Gegenbenheit, die ich nicht gewählt habe. In der ich es wohl aushalten kann. In der ich sogar so gut existieren kann, daß ich innerhalb einer bestimmten Reichweite die Umwelt verändern kann, indem ich ihre eigenen Mittel verwende.

– Erforschen, wo die krankmachenden Normen dieser Gesellschaft mich entmenschlichen. Mich dadurch nicht unterkriegen lassen.

– Nicht 'gegen' eine Gesellschaftsordnung kämpfen. Das überlasse ich den Rachsüchtigen, die sich als Opfer fühlen und daher besser als ich aus süßer Rache Honig saugen können. Dabei vergessen sie aber, daß sie diese Gesellschaft mitschaffen und daß die meisten Menschen ein Interesse daran haben, unterdrückt zu werden und blind für diese Unterdrückung gemacht zu werden. Ich will »an« etwas arbeiten. Politi-

Zwei Thesen für das Umgehen mit gesellschaftlichen Idealen.

»Ich bin verantwortlich für das, was in der Welt geschieht. . . «

These 1

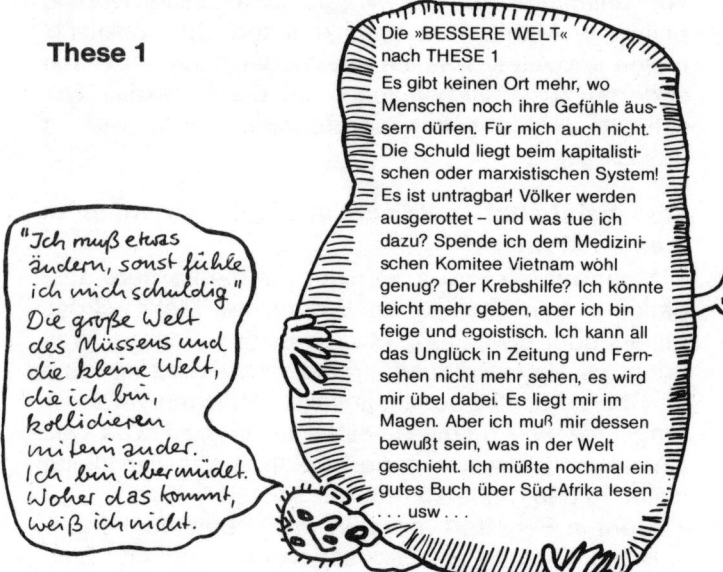

"Ich muß etwas ändern, sonst fühle ich mich schuldig"
Die große Welt des Müssens und die kleine Welt, die ich bin, kollidieren miteinander. Ich bin übermüdet. Woher das kommt, weiß ich nicht.

Die »BESSERE WELT« nach THESE 1
Es gibt keinen Ort mehr, wo Menschen noch ihre Gefühle äussern dürfen. Für mich auch nicht. Die Schuld liegt beim kapitalistischen oder marxistischen System! Es ist untragbar! Völker werden ausgerottet – und was tue ich dazu? Spende ich dem Medizinischen Komitee Vietnam wohl genug? Der Krebshilfe? Ich könnte leicht mehr geben, aber ich bin feige und egoistisch. Ich kann all das Unglück in Zeitung und Fernsehen nicht mehr sehen, es wird mir übel dabei. Es liegt mir im Magen. Aber ich muß mir dessen bewußt sein, was in der Welt geschieht. Ich müßte nochmal ein gutes Buch über Süd-Afrika lesen . . . usw . . .

Gesamtresultat: Es gab viel Unterdrückung in der Welt um mich her. Jetzt gibt es auch viel Unterdrückung in meiner Welt. Das dämpft meine Schuldgefühle. Ich habe mich selbst unterdrückt mit Terror, den ich aus meinem idealistischen Denken über eine Welt ohne Unterdrückung herausgefiltert habe.

Eigene Welt und Idealbild vermischen sich.

P.S. Es ist nicht so, daß jemand sich entweder in Formel 1 oder in Formel 2 befindet. Wir pendeln zwischen beiden hin und her.
P.S. 1 Ich merke, wie ich auf die politische Bestandsaufnahme meiner Kollegen und Freunde gespannt werde.

These 2

Ich bin 'verantwortlich' bedeutet: Ich gebe meine eigene, beschränkte, aber echte Antwort auf das, was geschieht.

Die »BESSERE WELT« nach THESE 2

Es ist wichtig, daß Menschen ihre Gefühle äußern dürfen. Ein kranker Betrieb, der Pleite geht, darf die Menschen, die er entläßt, nicht zu Versagern machen, sondern er versagt selbst. Ein Häuschen mit Garten ist kein übertriebener Luxus für Menschen. Das Auto aus der Innenstadt verbannen ist eine menschliche Tat, auch wenn Geschäfte darunter leiden. Männer werden nur anders unterdrückt als Frauen . . usw . . usw . . . usw .

Kritische Sicht auf die Realität und die Zukunfts- möglichkeiten

Welche Schrittchen passen zu meiner Schuhgröße und zu dem Weltbild, so wie ich es sehen möchte? Ich will nur die Schritte machen, die zu mir passen und bei denen ich gesund bleibe. Auf dem Platz, wo ich stehe, bin ich der wichtigste Teil der besseren Welt.

Meine eigene Welt. — Mein Maß. Meine kleinen Schritte gemeinsam mit Gleichgesinnten.

Insgesamt: Deutliche Grenze zwischen der ideellen Wahl (Gebiet A von Analyse und Idealen) und der Wahl, die ich jetzt von meinem begrenzten (= realen) Möglichkeiten her treffe.

Eigene Welt und Ideal sind getrennt, darum kann ich Einfluß ausüben.

P.S. 2 Wenn 'ich' klarere Entscheidungen treffe, ist es dann möglich, daß in dem 'System' nichts passiert? Wenn der Alkoholiker sich in seiner Familie besser verhält, bekommt seine Frau dann trotzdem Durchfall?

sche Arbeit ohne Geschrei. Kleine Dinge. Emanzipierendes Wachstum verstärken. Widersprüche aufspüren: sehen, was sich hinter der Tarnung verbirgt und es sichtbar machen.

– Mich nicht an eine Partei oder eine Kirche binden oder an die Normen und Denkweisen, die so eine Bindung zur Folge hat.

– Mich nicht an die Redeweise von Psychologen, Theologen, Marxisten oder anderen elitären Gruppen binden. Eine Sprache sprechen und schreiben, die nicht nur Kollegen verstehen, sondern auch Menschen aus anderen Berufen. Auf die Art praktische Kenntnisse weitergeben, Therapie und Sozialarbeit entspezialisieren und bewußten und beweglichen Menschen übertragen, anstatt den abgerichteten Spezialisten.

– Arbeiten mit Studenten und Klienten, an der Entfaltung IHRES Lebensstils und IHRER Art zu arbeiten. Nicht irgendeines Stils. Nicht meines Stils.

– In Gruppen arbeiten. Menschen lehren, auch die gesellschaftliche Seite ihres Problems zu betrachten.

– Mein Einkommen nicht ständig erhöhen wollen. Klienten, die an mich herantreten, nach ihrem Einkommen bezahlen lassen.

– Engen Kontakt mit Kindern halten und mit meinem eigenen Fleisch und Blut.

– Meiner weiblichen Seite und der männlichen Seite von Hanneke und Julie-Anneke mehr Aufmerksamkeit schenken. Vaterschaft und Mutterschaft und Kindsein mit ihnen beiden teilen.

– Und so weiter.

3. Psychoanalyse und Gesellschaft

Vorab

Was es auch im Westen an Therapie gibt, ist ohne Freud nicht vorstellbar. Das gilt auch – und vielleicht sogar im besonderen – für Therapieformen, die sich sehr gegen die psychoanalytische Art und Weise wehren.

Freud war im vergangenen Jahrhundert ein ziemlich einsamer Revolutionär. Vor allem als Wissenschaftler. Was er in seiner Praxis entdeckte und was er sagen wollte, konnte er nicht mit den schon bestehenden Begriffen ausdrücken. Er mußte eine eigene Sprache entwerfen oder bei anderen Wissenschaften Worte ausleihen mit allen Risiken und Mißverständnissen, die damit verbunden sein können. So ist er auch leicht anders zu verstehen, als er es gemeint hat. Das ist geschehen. Oft von Menschen, die einen Vorteil davon hatten. Ich »versuche« diese Falle zu umgehen. Freud war vor allem Wissenschaftler. Begründer der Wissenschaft des Unbewußten. Theoretiker. Seine »Praxis« war in der Hauptsache das Erfahrungsmaterial, auf dem er seine Wissenschaft aufbaute. Nicht zu verwechseln mit dem zum Teil überfüllten Praxen (Wartezimmer) der Psychiater und Nervenärzte.

Eins der großen Verdienste Freuds ist, daß er das Leid der Menschen als gesellschaftliches Leid erkannte. Er fing an als Mediziner, der sich mit individuellen Krankheiten individueller Menschen beschäftigte. Er zeigte den Zusammenhang zwischen diesen Krankheiten und den störenden gesellschaftlichen Faktoren. So wurde die Psychoanalyse, ob sie es wollte oder nicht, von Anfang an eine soziale Wissenschaft.

Freud weist auf die vielen Verzichte, die Menschen in dieser Gesellschaft leisten müssen, hin. Unsere Kultur verlangt tatsächlich mehr Opfer von den Menschen als sie aushalten können. Sie werden geistig und körperlich krank davon. Mit diesem Konflikt beschäftigt sich die Psychoanalyse als Wissenschaft und in der Praxis: mit dem mühsamen Prozeß des Geborenwerdens, Heranwachsens, und Erwachsenwerdens in dieser Gesellschaft und in dieser Kultur.

Mensch werden ist in Wirklichkeit eine Art Krieg. Die eine kriegführende Partei ist ein kleines Säugetier, das von einem Mann und einer Frau gezeugt wurde und das noch ganz und gar der animalischen Welt der Triebe angehört. Auf der anderen Seite steht das Gesetz, die Kultur, die bei deiner Geburt schon auf dich warten, um dich von deinem ersten Schrei an (und sogar noch früher) der Ordnung von Hygiene und Regelmäßigkeit zu unterwerfen. Dem Rhythmus von Vaters An- und Abwesenheit. Der Allmacht der großen Mutter, die dich an ihren Brüsten mit Seligkeit sättigen und dich unter den Wellen ihres Busens ersticken kann. Dem Los des anerkannt- oder verworfenwerdens.

Als Mensch geboren werden ist ein Kampf, der in jedem von uns geführt wird, auf Leben und Tod. Viele fallen. Und gibt es, je mehr die Bildung fortschreitet, nicht immer mehr Kriegsopfer? Einige entkommen unversehrt. Sagen sie. Ich glaube ihnen nicht, weil ich meinen Augen glaube. Ich glaube, daß wir alle aus diesem Kampf die Erstarrung und die Wunden mittragen, die uns fürs Leben mit dem Tod zeichnen.

Dieses Geborenwerden ist eine Geschichte von Liebe und Haß, von geborgen und verloren sein. Einsamer Krieg ohne Verbündete: ohne rettenden Gott oder rettende Kultur. Einer gegen alle. Erzwungene Menschwerdung. Während des Prozesses der Menschwerdung bildet sich beim Kind das Unbewußte: als eine Notwendigkeit zum überleben. Um primitiven Neigungen und Bedürfnisse in den Rahmen des Zusammenlebens einzubetten. Auf dem Weg über Sprache und Familie.

Damit beschäftigt sich die psychoanalytische Wissenschaft, die trieft vor Menschlichkeit, im Gegensatz zur Praxis vieler Psychiater, die triefen vor Geld und vor gesellschaftlichen Privilegien, die sich auf diese Weise unglaubwürdig machen. Indem sie oft nur eine »chemische Beziehung« mit ihren Patienten eingehen. Mit Tranquilizern und Drogen. Indem sie schweigen über die gesellschaftlichen Mißstände, die die Kundschaft für ihre Wartezimmer produziert.

Freud war kein Politiker. In diesem Punkt unterscheidet er sich wenig von den meisten Arzt-Psychiatern. Aber die Tatsache, daß er nicht politisch tätig sein will, ist natürlich auch eine politische Entscheidung. Kann ein bedeutender Wissenschaftler oder Mediziner oder Therapeut sich aus allem politischen Geschehen heraushalten? Das ist die Frage, mit der ich mich, von Freud veranlaßt, hier jetzt beschäftigen will.

Der offene oder versteckte politische Ansatz, der dem psychoanalytischen Rahmen zu denken und zu handeln, zugrunde liegt.

Triebe contra Zivilisation

Die Basis der Psychoanalyse Freuds ist die Interaktion zwischen bewußten und unbewußten Kräften, die meist Kampf bedeutet. Das höhere Niveau in einem Menschen ist, seiner Ansicht nach, das Niveau, wo die Bildung die Oberhand gewonnen hat und ihren Einfluß geltend macht. Das niedere Niveau ist die animalische Natur im Menschen: zu einem Großteil unbewußt, voller Leidenschaften, die von der Gesellschaft und vom Bewußtsein nicht akzeptiert werden können. Dieses Bewußtsein ist bei Freud die zivilisierte Schicht in einem Menschen:

Der Bundesgenosse der Kultur. Die Triebe müssen unterdrückt werden. Wir haben ein höheres Ich in uns, das auf der Seite der Gesellschaft steht. Es übt seine Macht auf dem Wege des sogenannten »Gewissens« aus. Die aggressive Energie-nach-außen wird durch das Gewissen nach innen gewendet: gegen die unerlaubten Neigungen und Wünsche. So hat die Gesellschaft ihre »Bildung« in Menschen eingebaut. Rebellen werden entwaffnet. Ihre Kraft wird gegen sie selbst gerichtet.

Zum Teil ist dies Unterdrücken der Triebe nicht ohne Wert. Ich kann nicht, egal welchem Drang, der sich in mir meldet, einfach nachgeben. Sonst hätte ich bestimmt schon einige Morde, Banküberfälle und Vergewaltigungen auf dem Kerbholz. Ich will imstande sein, mich selbst zu beherrschen unter bestimmten Umständen. Unsere Erziehung und Kultur laufen aber zum größten Teil darauf hinaus: Deine Energie auf vielen Gebieten in Schach halten, damit du sie für »höhere« (?) Ziele einsetzen kannst.

Im Dienst der kapitalistischen Gesellschaft?

Tatsächlich geht es in der Gesellschaft so zu, daß die Machthaber bestimmen, was gut und erlaubt ist und was unterdrückt werden muß. Freud sieht das zwar auch. Aber, sagt er, für den Verlust an Freiheit bietet dir die Gesellschaft dann Sicherheiten und Schutz, und das ist auch nicht zu verachten. Bei diesem Tauschhandel muß der Therapeut versuchen ein guter Vermittler zu sein, um so den Bildungsprozeß zu fördern. Du darfst deine Gefühle zwar wiederhaben, aber du darfst damit nichts anfangen in der Gesellschaft. Sie dürfen nicht zu einer sozialen Aktion werden.
Die Spannung zwischen Mensch und Gesellschaft wird so von Freud auf das innere Niveau übertragen. So entsteht der Kampf gegen die Triebe. Die Menschheit als Gruppe, mit ihren eigenen Gesetzen und Verantwortlichkeiten, zählt dann nicht mehr und kann darum nicht zur Verantwortung gezogen werden.

Damit wird eine Menge wichtiger gesellschaftlicher Dinge, die das Leben der Menschen bestimmen, verleugnet: das Herr-Diener-Verhältnis, die materielle Abhängigkeit oder Unabhängigkeit, die Tatsache, daß die Produktionsmittel in der Hand einer immer kleiner werdenden Gruppe von Menschen liegen, während Arbeiter immer weniger über ihre Arbeit mitbestimmen können, die Trennung zwischen Menschen, die mit dem Kopf und Menschen, die mit den Händen arbeiten usw. Die gesellschaftliche Hochspannung wird ausschließlich auf einen inneren Kampf übertragen. Die Gesellschaft kommt ungestraft davon.

Freud stammt selbst aus der begüterten Bourgeoisie. Seine Patienten auch. Und wo er Unterdrückung als Preis für die Sicherheit nennt, meint er die Sicherheit der Bourgeousie, nicht die Sicherheit und Existenzgrundlage des Arbeiters seiner Zeit.

Die Autorität außerhalb des Menschen und über dem Menschen ist, seiner Meinung nach, ein Bedürfnis der menschlichen Seele. Darum erreichst du nichts mit Widerstand gegen die bestehende Ordnung. Die Autorität ist nicht von Gott gegeben, sondern sie ist das nach-außen-wenden eines inneren Konfliktes, der im Grunde nicht gelöst werden kann und zu einem Großteil unbewußt bleibt. Die Menschen müssen eben lernen, mit sich selbst und der Gesellschaftsordnung, wie die nun einmal ist, zu leben.

Was Freud trotzdem wollte, war: die Psychoanalyse so vielen Menschen wie möglich zugänglich machen, sie nicht auf eine kleine Elite beschränken und sie nicht an den kleinen Club der Arzt-Psychiater binden. Das wollte er auf dem Weg erreichen, daß »Laien« die »geistigen Führer« für viele Menschen sein sollten. Daraus ist nicht viel geworden. Zum Glück?

Tatsächlich erreicht die Psychoanalyse eine sehr kleine Zahl der Masse gesellschaftlich festgefahrener Menschen. Ein Grüppchen Bevorzugter? Aus Untersuchungen in den USA geht hervor, daß es sich größtenteils um Menschen handelt, die vermögend sind und die politisch konservativ eingestellt sind. Die

Therapie hilft dem Klienten, seine inneren Konflikte abzuschwächen und befähigt ihn, den goldenen Mittelweg zu gehen.

Geistig gesund sein bekommt aus dieser Sicht die Bedeutung: nicht auf seinem Standpunkt beharren, Kompromisse eingehen können, Anpassung.

Politisches Verhalten wird aus dieser Sicht schon bald als ein Nachaußenkehren verdrängter innerer Konflikte, die unbewußt geblieben sind, gesehen. So können Revolutionäre niemals ernstgenommen werden. Sie verlieren ihren Widerstand gegen Machtstrukturen in einer 'guten' Therapie.

»Wenn du einen Machthaber absetzen willst, fang erst mal damit an, an deinem Vaterhaß zu arbeiten. Dann verschwindet dein ursprüngliches Vorhaben auch wieder«, sagt Lasswell. Und doch hat es vom Anfang der psychoanalytischen Bewegung an Menschen gegeben, die Freuds Lehre von der Verdrängung zum Ausgangspunkt revolutionärer Aktion machen wollten.

Der erste war Wilhelm Reich, der mit seinen Ideen sowohl aus der kommunistischen Partei als auch aus dem Verein der Psychoanalytiker geworfen wurde.

»Psychoanalyse ist revolutionär«, sagt Reich. »Die Quelle sexueller Verdrängung liegt ja in der bürgerlichen Moral. Die menschlichen Instinkte müssen aus dieser Unterdrückung befreit werden. Leider ist die psychoanalytische Bewegung heruntergekommen auf Methoden und aufs Geldscheffeln. Die folgenschwerste Unterdrückung geschieht in der Familie während der ersten fünf Lebensjahre, sie äußert sich vor allem als sexuelle Unterdrückung. Der autoritäre Staat schöpft seinen Vorteil daraus, daß diese autoritären Familienstrukturen bestehen bleiben: Die Familien sind die Fabrik, in der die Strukturen und die Ideologie unserer Gesellschaft gemacht werden.«

Im Gegensatz zu Freud glaubte Reich an die Möglichkeit einer Revolution, doch die müßte sich dann über eine neue Erziehung und über eine neue Generation »erleuchteter Kinder« vollziehen.

Danach gab es noch eine ganze Reihe von Menschen,

die versuchten, die psychoanalytischen Begriffe in ein revolutionäres Denken aufzunehmen: Herbert Marcuse zum Beispiel und Norman Brown. Aber Freuds Ideen spielen ganz offenbar der kapitalistischen Kultur alle Trümpfe in die Hand, und die Freiheit der großen Bevölkerungsschichten ist der Preis für diese Rechnung.

Dein eigener Feind werden?

Nach Freud müssen die Triebe unterdrückt werden. In den eigenen vier Wänden nicht, aber wohl sobald du dich in der Gesellschaft zeigst. Die Menschen werden von religiösen Normen befreit. Sie dürfen zuhause nackt herumlaufen ohne Erbsünde. Aber sie müssen den gesellschaftlichen Normen unterworfen bleiben. Auf der Straße, bei ihrer Arbeit und im Öffentlichen Leben müssen sie sich anpassen und sich benehmen.
Diese »Anpassung« muß es von klein auf geben, um uns für ein Leben in dieser Gesellschaft zu befähigen.
Die Behauptung, daß Menschen ihren Neigungen nicht vertrauen dürfen, ist hier inbegriffen. Sie neigen von Geburt an zu falschen Dingen. Die Neigungen prallen gegen die guten Sitten, gegen Prinzipien, Moral und Anstand.
Freud nimmt die Entwicklung unserer westlichen Gesellschaft als unentrinnbar an. Dem individuellen Bürger bleibt nichts anderes übrig, als sich anzupassen und einzufügen.
So werden die Menschen zu ihren eigenen Feinden. Wenn es ein Glück für dich gibt, dann ist es ein Glück, das von außen bestimmt wird: das Glück, das diese Gesellschaft dir gönnt, Freiheit auf der Basis von Unfreiheit. Glück innerhalb der Grenzen einer Kultur, der du erst geopfert wirst.
Du darfst dich denn auch nicht wirklich selbst lieben. Die Unterdrückung der Triebe heißt zwar »Sublimierung«, aber sie bleibt eine Unterdrückung. Sublimie-

rung und Kultur auf Kosten der Menschen. Leben ist dann gegen dich selbst kämpfen. Glück gibt es als Belohnung hinterher, oder als Pause zwischen den Akten. Innerhäusliches Glück nach dem Arbeitstag. Glück ist kein Ziel. Das Ziel ist die Arbeit. Und diese Arbeit ist oft verfremdende Arbeit. Arbeit, durch die Menschen versauern und abstumpfen.

Die Macht der Mächte

So erhalten anonyme gesellschaftliche Mächte immer mehr Verfügungsrecht über Menschen. »Ich« darf meinen Trieben und Kräften nicht mehr selbständig Ausdruck verleihen. Ich werde dem Zwangsregime eines Ideal-Ich immer mehr unterworfen. Mein »Eros« sitzt im Käfig. Die Gitterstäbe müssen immer mehr verstärkt werden. Denn hinter der Verdrängung wächst die Aggression. Bis zu unberechenbarer explosiver Macht.

Keine rosige Zukunft

Freuds Zukunftsbild ist nicht rosig. Dem Individuum weissagt er immer größer werdende Schuldgefühle, je nachdem wie die Kultur sich entwickelt. Wahrscheinlich wird das Schuldgefühl so groß werden, schreibt er, daß der einzelne es kaum noch tragen können wird. Und wie können wir die wachsende Kulturfeindlichkeit eindämmen? fragt er sich. Durch Erziehung? Aber wo sollen wir die uneigennützigen Leiter und Erzieher herbekommen, die wir dazu brauchen?

Nachtrag

Allein schon die Tatsache, daß Psychoanalyse für einige Menschen therapeutisch wichtig ist, bedeutet, daß sie ein positiver gesellschaftlicher Beitrag ist. Denn auf diese Weise werden Menschen einigermaßen von dem automatischen Verhalten befreit, daß sie in dieser Welt gelernt haben. Die Zensur ihres Denkens und Fühlens verringert sich. Es entsteht mehr Spielraum für eigenes Beschließen und Handeln. Sie werden etwas weniger empfindlich gegen eventuelle Sanktionen der Außenwelt.

Die politische Bedeutung von Freuds Werk kommt meiner Ansicht nach gut zum Ausdruck durch die Tatsache, daß er den Prozeß der Menschwerdung nicht einfach als etwas körperliches und psychisches sieht, sondern als Spannungsfeld zwischen dem Kind und der gesellschaftlichen Kultur, in der es seinen Platz finden muß. Als Kind wirst du von Anfang an in die gesellschaftliche Welt der Familie eingetaucht. Aber, wie dann die Familie bestimmt wird durch die Art und Weise, wie in dieser Gesellschaft produziert wird, Arbeit gekauft und verkauft wird, Rollen in der Familie zugeteilt werden im Hinblick auf die Funktion als Produktionskapazität und so weiter, damit beschäftigt sich Freud nicht. Die Familie ist für ihn ein ziemlich unabänderliches Etwas. Der sozialpolitische Ansatz seiner Sicht ist dann auch nicht mehr als ein Ansatz.

Die Beziehung Mensch-Gesellschaft ist dann eine Schicksalsbeziehung. Wir haben keinen wirklichen Einfluß darauf. Was Menschen-als-Gruppe tun, nicht tun oder durchbrechen können, steht bei ihm nicht mehr auf der Tagesordnung.

So bringt Freud sich selbst in eine Klemme. Einerseits ist er festgelegt auf seine altliberale Auffassung von der Gesellschaft. Er vertritt und verteidigt die bürgerliche Gesellschaft, die er kennt (und die sich nicht wesentlich von der unseren unterscheidet!). Andererseits will er Menschen glücklicher machen. Oder weniger unglücklich als sie jetzt sind. Er will ihr Leiden, das eine gesellschaftliche Ursache hat, verringern, aber er will Arzt bleiben und sich nicht an die Politik heranwagen. Er entscheidet sich zu gleicher Zeit für eine Gesellschaft, die auf Unterdrückung aufgebaut ist und für das Glück der Menschen, das dazu im Widerspruch steht.

Der Konflikt zwischen Befriedigung suchen und in der gesellschaftlichen Realität leben, ist für mich kein unlösbarer Ausgangspunkt. Arbeit und Kultur können in der »Lust« verankert sein. In menschlichen Bedürfnissen und nicht nur in der Unterdrückung. Kultur ist dann alles, was Menschen miteinander an guten Dingen verwirklichen.

Nun gibt es nur wenige Menschen, die das schaffen: eine Arbeit, bei der du mit Freude sehen kannst, das aus deinen Händen etwas wächst. Staubsauger verkaufen machte mir keinen Spaß, sagte Libbe, und mein Vater fand es auch blöd, außer wenn wir etwas »fingen«. Und du kannst durch keine einzige Therapie etwas daran ändern, daß Staubsaugerverkaufen eine Scheißarbeit ist.

Ich konnte schon bald dem Beruf entkommen, weil ich andere Dinge konnte, aber die meisten Menschen können dem Beruf nicht entkommen, den sie ohne Herz ausüben müssen, um etwas zu essen zu haben.

Arbeiten kann eine Befriedigung sein, die nicht nur aus dem Resultat (Produkt) der Arbeit entspringt oder aus der finanziellen Belohnung, die du für deine Arbeit einstreichst, sondern die in der Arbeit selbst liegt. In der Art, wie du mit anderen zusammen etwas leistest. In dem frei Herauslassen deiner Qualitäten. Indem du Dinge tust, die nützlich oder sinnvoll für dich selbst und für andere sind, usw.

Arbeiten ist nicht nur ein Mittel, um leben zu können. Es kann selbst das Leben sein. Arbeiten kann befreiend sein und ein Freiheitserlebnis. Das ist meine Erfahrung. Nun bin ich ein begünstigter Arbeiter, aber daraus wird nur noch klarer ersichtlich, daß Arbeiten keine Verdammnis zu sein »braucht«. Daß die Masse der Werktätigen sich nicht mit dem sogenannten Schicksal der unglücklichmachenden Arbeit zufriedenzugeben braucht. Ich selbst hoffe – im Schweiße meines Angesichts – bei kleinen Dingen die Grenzen der Unterdrückung, meiner eigenen und der anderer, zurückzudrängen. Die Befriedigung, die ich in diesem Tun finde und in den Ergebnissen dieser Arbeit, ist gar nicht so gering.

4. Gestalttherapie und Emanzipation

Therapie und Emanzipation

Therapie muß nicht zwangsläufig ein Unterdrücken von Menschen bedeuten, wie hier und da behauptet wird. Zu einem Großteil hängt das von der Mentalität des Therapeuten ab, von der Gruppe Menschen, die so ein Therapeut sich zusammensucht und von den Grundprinzipien, auf die sich die Arbeit in der Therapie stützt.

Meiner Ansicht nach ist Gestalttherapie, wie ich sie kenne, eine Form der Therapie, durch die Menschen nicht unterdrückt oder erniedrigt oder unter ständigem Bekritteln aufgebaut werden. In der Gestalttherapie ist alles darauf ausgerichtet, Menschen auf ihre Selbständigkeit hin anzusprechen. Die Menschen nicht einfach an bestehende Normen und Situationen anzupassen. Sie zu befähigen, ihre eigene Antwort zu geben inmitten aller Veränderungen und Herausforderungen.

So ist Gestalttherapie, sage ich. Das klingt sehr absolut. Dogmatisch. Ich meine: daß ich in der Zeit der Ausbildung, als ich mit Gestalttherapie Bekanntschaft machte, einer ansehnlichen Zahl von Therapeuten begegnet bin, die auf diese Art und Weise mit Menschen und Dingen umgehen. Auch die Bücher, die ich über Gestalt lese, zeigen, daß diese Art als bezeichnend gilt. Und wenn ich mit Klienten arbeite, richte auch ich selbst meine besondere Aufmerksamkeit auf diese Dinge. Das meine ich, wenn ich sage: »So geht das in Gestalt...« oder: »Gestalt ist...« Meiner Ansicht nach ist Gestalt eines von vielen Mitteln, die dem Prozeß der Emanzipation sehr nützlich sein können. Offenbar ist das nicht allein meine Ansicht, sondern auch die von Leuten, die sich ausschließlich mit Emanzipationsproblemen beschäftigen. Ich merke auch, daß in Gruppen sehr radikaler Therapien oder in

Frauen- oder Männergruppen nach Modellen gearbeitet wird, die buchstäblich aus dem Gestalttraining übernommen worden sind.

Mit Emanzipation meine ich: immer wieder die Macht und die Beeinflussungsmöglichkeiten bei dir selbst behalten, wenn es um dich selbst geht, sie also nicht Menschen überlassen, die auf wirtschaftlichem oder kulturellem oder historischem oder hierarchischem Weg eine Menge Macht an sich gerissen haben. Dich frei machen von anderer Leute Normen.

Emanzipation ist nicht etwas, was nur Individuen betrifft. Sie ist ein Wachstumsprozeß, der ganz deutlich auch mit den Menschen-als-Gruppe zu tun hat. Und Emanzipation betrifft nicht nur eine besondere Gruppe von Menschen, sondern umfaßt das Ganze. Auch die Gegner. Bei Emanzipation handelt es sich zugleich um Einzelmenschen und um Menschen-als-Gesellschaft. Und sowohl um die Menschen selbst als auch um die Umstände, in denen Menschen leben und arbeiten.

Emanzipation, sagt Marx, bedeutet, daß Menschen ihre Welt und die Art, wie Menschen und Dinge sich darin zueinander verhalten, selbst wieder in Besitz nehmen.

Die Emanzipation besonders hervorzuheben, bewahrt uns davor, zuerst auf einer abstrakten Ebene Unterscheidungen zwischen Mensch und Gesellschaft zu treffen und dann so zu tun, als ob dieser abstrakte Unterschied auch in der Praxis eine Trennung rechtfertigt. Dann bekommen wir auf der einen Seite Fachleute, die Therapie machen, ohne auf die gesellschaftlichen Verflechtungen in Bezug auf das, was sie tun und was der Klient einbringt, zu achten, und auf der anderen Seite Gesellschaftsveränderer, die nicht auf die Menschen achten, um die es doch letztenendes bei allen Veränderungen geht.

Indem ich auf diese Weise Abstraktionen wie Realitäten behandele, lasse ich einerseits in der Therapie ein wesentliches Stück des Menschen aus; sein gesellschaftliches Sein. Und andererseits, politisch gesehen, zerstörst du die gesellschaftliche Sache, wofür du doch eigentlich kämpfst, indem du sie entmenschlichst.

Emanzipation ist ein aktives Wort für Arbeit am Wohl der Menschen. Gleichzeitig auf persönlicher und gesellschaftlicher Ebene. Sowohl die menschliche als auch die gesellschaftliche Verfremdung aufheben. Und das geht nicht, ohne daß Menschen sich ihre eigene soziale Macht wieder aneignen und sich nicht mehr den Geldverdiensystemen anderer unbedenklich unterwerfen. Denn die geistige, innere Befreiung des Menschen geht Hand in Hand mit der Befreiung aus der Hörigkeit dem Betriebsleben gegenüber, Vater Staat und anderen gesellschaftlichen Mächten gegenüber, die ein Stück unserer Selbständigkeit gestohlen haben. Dir wieder zueignen, was dir entfremdet wurde: daß du von königlicher Art bist auf dieser Welt. Daß du, durch die Tatsache, daß du arbeiten, empfinden und denken kannst, die Herrschaft über das Zusammenleben hast und nicht ihr Sklave bist. Daß du deine gestohlene gesellschaftliche Kraft wieder zurückforderst. Daß du die Verantwortung für das Wohl und Wehe der Menschen-als-Gruppe nicht an einen renommierten kleinen Club, der mit dir nichts zu tun hat, abgibst.

Weil ich mit anderen zusammen bin (= meine gesellschaftliche Seite), kann ich auch die gesellschaftliche Situation beeinflussen: Das ist meine königliche Würde.

Meiner Ansicht nach liegt dieser ganze emanzipatorische Aspekt in der Gestalttherapie. Sowohl in der Art und Weise wie die Menschen und ihre Welt betrachtet werden (Menschenbild und Weltbild) als auch in der Methode von Veränderungen und in neuen Arten des Zusammenlebens, die mit ihr angestrebt werden. (Das gilt natürlich nicht für all das, was uns auch manchmal unter dem Namen Gestalt von den Gestalttechnik-Jongleuren aufgetischt wird, die von sich glauben, daß sie schon Tischler sind, wenn sie einen Hammer und einen Schraubenzieher gekauft haben, die glauben, daß du fliegen kannst, wenn du dir ein Flugzeug ergattert hast, daß du Therapie machen kannst, wenn du einige Zauberformeln in der Tasche hast).

Emanzipatorische Aspekte der Gestalttherapie

Worin zeigt sich der emanzipatorische Charakter der Gestalttherapie? Das will ich erläutern anhand der Grundprinzipien, wonach in der Gestalt gearbeitet wird.

1. Entwicklung der Möglichkeiten, die in der großen Gruppe der Menschen gegeben sind.

Bei Gestalt handelt es sich nicht um eine Therapie für bestimmte Krankheiten oder um die Korrektur eines abweichenden Verhaltens, sondern mehr darum, aufzuwachen und sich dessen bewußt zu werden, was um dich herum und in dir passiert: in deinem Körper, in deinem Geist, in der Welt um dich herum, mit der du ununterbrochen im Austausch bist.

Auch wie du noch immer durch Teile deiner Vergangenheit bestimmt wirst. Menschen, ihre normalen täglichen, persönlichen und gesellschaftlichen Erfahrungen und Bedürfnisse werden zum Ausgangspunkt für das Bestimmen ihrer Entscheidungen gemacht:

Akzeptiere keine Normen und kein »*müssen*«, die gegen dich selbst gerichtet sind. Du bist zu einem großen Teil selbst für dein Leben und für den Lauf der Dinge in deiner Welt verantwortlich. Du kannst dir ganze Teile deines Lebens, die dir durch andere oder durch gesellschaftliche Umstände weggenommen wurden, wieder aneignen.

»Verantwortlich« bedeutet in Gestalt nicht das, was es oft in den calvinistischen Niederlanden bedeutet: daß du irgendwo (= dir selbst, Gott, dem Gesetz oder der Gemeinschaft gegenüber) zur Verantwortung gezogen wirst und also eine Menge Schuldgefühle züchten kannst. Es bedeutet wohl: wissen was du tust und daß du es tust: dich zurückhalten, dich durch Normen einengen lassen, deine Macht erst auf die Gesellschaft und auf das Betriebsleben projizieren und danach dann schmerzlich bemitleidenswert tun und dich bemitleiden lassen, deine ureignen Bedürfnisse nicht als gesunde und starke Triebkraft sehen, sondern als schlimmen nagenden Schmerz zurückgehaltener Energie (so gehört es sich in dieser zivilisierten Welt).

Aber Verantwortung bedeutet gleichzeitig: Wissen, was *Du nicht tust.* Es gibt einen gesellschaftlichen Aspekt bei den Problemen der Menschen, der hauptsächlich den gesellschaftlichen Mißständen zuzuschreiben ist, und nicht in erster Linie auf das Handeln individueller Menschen zurückgeführt werden kann.

Viele Probleme von Frauen oder Männern werden zu Unrecht als ihre persönlichen Probleme ihrem individuellen Konto angelastet, während sie doch mehr über die Gesellschaft aussagen, als über die Person, die in ihrer Not individuelle Signale politisch-wirtschaftlicher Mißstände aussendet. Therapeuten (auch Gestalttherapeuten), die bei diesen Signalen immer nur die Verantwortung auf den Klienten zurückführen wollen, mit einem karikaturhaften »ich bin ich, du bist du«, nehmen so den Unterdrücker (die gesellschaftlichen Mißstände) in Schutz. Sie isolieren auf diese Weise Menschen mit ihren Problemen. Und dieser Individualismus wirkt letztendes zersetzend (statt integrierend).

2. Therapie in der Sprache des einfachen Mannes.

Weil die Therapie Eigentum des Klienten ist und damit sie nicht auf dem Wege der sogenannten Fachsprache in die Macht einer kleinen besitzenden Klasse von Therapeuten gelangt, versucht man in der Gestalttherapie ausdrücklich alle Akademismen in der Sprache zu vermeiden. Den psychologische Jargon aller möglichen Diagnosen gibt es kaum in der Gestalttherapie. Griechische Krankheitsbeschreibungen wie »Paranoide Form schizophrener Analität mit ödipalen Fixierungstendenzen« oder »Katatonische kastrophobische Aphasie mit perambulanter klitoraler

Katastrophie« behält man sich ausschließlich fürs Kabarett, nicht für die Therapie vor.

Umgangssprache ist genau das Richtige, die Sprache des einfachen Volkes. Hier kann die »akademische«, besitzende Klasse vom Marxismus noch einiges lernen.

Es gibt zwar immer wieder Leute, die das einfache Amerikanisch der Gestalttherapie auf dem Wege stümperhafter Versuche dann wieder wie eine Art Fachjargon erscheinen lassen. Ich habe diese Leute in Verdacht, daß sie das tun, um über diese populäre Therapie doch wieder in einen höheren Status zu gelangen: Die besitzende Klasse von »Gestalt« . . . Herrgott noch mal! Oder. . . sollte es sich dabei nur um einen Mangel an sprachlichen Fähigkeiten handeln?

3. Macht und Bewußtwerdungsprozeß bedingen sich gegenseitig

Gestalt zeigt, wie Macht mit bewußt leben zusammenhängt. Andere können dich ihrer Macht nur unterwerfen, wenn du nicht nur deine Macht, selbständig zu beschließen, den Machthabern überträgst, sondern auch, zu einem Teil wenigstens, auf das bewußte Wissen, daß und wie du unterworfen oder geschulmeistert wirst, verzichtest. Wenn du z.B. bei körperlichem Unwohlsein oder körperlichen Veränderungsprozessen, wie schwanger sein oder älter werden oder sterben, nicht mehr zuallererst und hauptsächlich dich selbst zu Rate ziehst, um zu erfahren was los ist, und was gut für dich ist, sondern dir vormachst, daß es einen Stab medizinischer Beamter gibt, die wissen, was gut für dich ist und daß du dich dann selbst erniedrigst bis zur Unmündigkeit in Bezug auf diesen wichtigen Teil deines Lebens.

Sobald du selbst weißt, was du willst und damit anfängst, deinen Bedürfnissen Aufmerksamkeit zu schenken, verringert die Macht der Mächte um dich herum. Sehr viele sogenannte Dienstleistungen, die diese Wohlfahrtsgesellschaft anbietet, werden nutzlos, weil sich zeigt, daß sie nichts mit deinen Bedürfnissen zu tun haben. Die meisten Waren in den Schaufenstern verlieren ihren Reiz; die hochgezüchtete medizinische Industrie fällt wie ein Kartenhaus in sich zusammen, wo Gruppen von Menschen gelernt haben, für sich selbst zu sorgen. Und genauso geht es mit der Mode, der Geschwindigkeit, Examen, Schule, usw. Sie verlieren ihren Einfluß auf dich, sobald du dir selbst wieder etwas mehr vertraust.

4. Das selbstregulierende System als höchste Norm, oder: Das anarchistische Prinzip in der Gestalttherapie.

Du hast selbstregulierende Kraft in dir, sagt die Gestaltphilosophie. Die kannst du entdecken. Kräfte, die auf gesunde Art und Weise dein Leben steuern, wenn du sie nur beachtest. Regulierende Kräfte, auch für den gesellschaftlichen Menschen. Für eine gesellschaftliche Ordnung, die dem Menschen nicht von außen auferlegt wird, sondern die sich aus ihm selbst und aus seinen Bedürfnissen entwickelt. Wenn du das beim Aufbau gesellschaftlicher Strukturen nicht beachtest, machst du die Rechnung ohne den Wirt. Ohne den Menschen.

Menschen können also, wenn sie sich selbst zu Rate ziehen, auch selbst bestimmen, was die Dinge, die überall durch Eltern, Schule und Werbung zum Kauf angeboten werden, wert sind. Ihnen wert sind. Dieser Wert ist etwas ganz anderes als der Marktwert.

Die Werbung versucht da Verwirrung reinzubringen, zu suggerieren, daß das, was die Verkaufsindustrie anbietet, auf unsere Bedürfnisse nach Gemütlichkeit, Anerkennung und Sicherheit eingeht. Ihre Produkte fungieren als Schwindel-Symbole für Teile unserer Persönlichkeit, von denen wir in diesem Gesellschaftssystem erst entfremdet worden sind:

– Freiheit und Selbstsicherheit bekommst du durch Colgate

– Dominierende Männlichkeit bekommen Männer durch 'Mennen'-Aftershave
– Deine Anziehungskraft ist so groß wie nie durch den Cross-over-heart-BH
– Gemütlichkeit und Häuslichkeit bekommst du mit D.E.-Kaffee
– Echtheit durch Coca Cola
– Menschsein nach einem entmenschlichenden Arbeitstag ganz einfach mit einem Wacholderschnaps.

Es scheint geradezu so zu sein, als ob du deine verlorenen Eigenschaften (Anziehungskraft, Echtheit, Freiheit, Gemütlichkeit, Geborgenheit) auf dem Markt derjenigen kaufen kannst, die vorher am meisten dazu beigetragen haben, dich von ihnen zu entfremden.

So wird nicht nur mit Dingen gehandelt, sondern auch mit dem Veräußern menschlicher Eigenschaften. Denn die Werbung tut gerade so, als ob die Produkte, die sie absetzen will, an deren Stelle treten können. Ein großes Auto 'ist' dann mehr soziale Anerkennung. Stilmöbel 'sind' dann das, was dir Bewunderung und Prestige einträgt. Eine bestimmte Art Make-Up oder Kleidung 'ist' dein Charme, usw.

So werden menschliche Eigenschaften von den Menschen losgelöst, und in den Bereich des Verkaufs- und Absatzsystemes umgeleitet. Das »selbstregulierende« Prinzip geht gegen diese Verfremdung. Dabei handelt es sich hier ganz klar nicht nur um psychische Entscheidungen, sondern auch um eine gesellschaftliche Stellungnahme.

Manchmal werden von den Menschen schwerste Opfer gefordert, mit Ausdrücken wie »das ist nun mal notwendig für das Wohl des Betriebes« oder »wir müssen unseren Personalbestand nun einmal einschränken« u.ä. Aber die Opfer, die Menschen bringen sollen, haben nichts mit diesen Menschen selbst zu tun. Wenn du von der Selbstregulierung und von den wirklichen, menschlichen Bedürfnissen ausgehst, werden derartige gesellschaftliche Forderungen kritisch unter die Lupe genommen. Inwieweit sind die Opfer, die gefordert werden, Opfer, die aus menschlicher Notwendigkeit entstanden sind und die du also auch »wollen« kannst? Oder sind es nur terroristische Forderungen, die dieses Gesellschaftssystem den Menschen mit bedrohlichen Sanktionen aufzuerlegen versucht?

Der Norm, die du bist, Aufmerksamkeit zu schenken und nicht nur den Normen, die du bekommst und hast, heißt, den Kreis, in dem wir gefangen sind, zu durchbrechen. Das ist wichtig. Aber doch nur teilweise. Denn wenn ich in dieser Produktionsgesellschaft leben will, muß ich auch kaufen und verkaufen. Dinge, mich selbst. Meine Kenntnisse. Meine Arbeit. Sogar die Klugheit, mit der ich den Kreis aufbreche. Ich bin auf dem Markt. Marktwert. Menschen haben Kontakt zu mir. Oft nicht mit dem, der ich bin, sondern mit dem, was ich »wert« bin in ihrer Wirtschaft. Der Herausgeber. Der Buchhändler. Das Schulwesen. Kontakt durch Entfremdung. Ehrenhafte Prostitution.

Durchweg fürchtet sich die Gesellschaft vor diesen anarchistischen Tönen: daß Menschen weitgehend für sich selbst sorgen können und nicht durch Sozialarbeiter, Werbebüros, Produzenten, Therapeuten, Politiker, Ärzte, Kirchen, u.a. fürsorgende Einrichtungen, die wissen, was gut für sie ist, manipuliert zu werden brauchen. Unsere Gesellschaft fürchtet sich nicht grundlos hiervor. Denn einige Stützpfeiler im Bollwerk dieser Gesellschaft werden damit untergraben.

Das gegenwärtige Arbeits- und Produktionssystem. Aber genausogut die Altenfürsorge, wie sie meist noch praktiziert wird. Das Anstaltswesen. Das Gesundheitswesen. Das Unterrichtswesen. Sobald wir geltend machen, daß in jedem Menschen Kräfte sind, die genau anzeigen, was gut für seine Gesundheit ist, für seinen Lernprozeß, für die Entwicklungsphase, in der er gerade ist usw., kommt das ganze System ins Wanken.

Das soll nicht heißen, daß du die Gesellschaft durchleuchten kannst, nur dadurch, daß du deinem persönlichen Funktionieren Beachtung schenkst. Die

Gesellschaft – Menschen-als-Gruppe – bleibt eine andere Sache als die Sache der Personen und der persönlichen Beziehungen. Du kannst sie nicht zusammenschmeißen. Gerade in der Spannung, die zwischen diesen beiden Gebieten liegt, werden Dinge klar. Sowohl für die Gesellschaft, als auch für dich selbst.

Du hast zwei Augen. Mach das eine zu und schau mit dem anderen, was so alles passiert. Auf die Art kann das eine offene Auge kritisch schauen und nicht alles, was sich als evident oder naturgegeben anbietet, einfach als Evidenz oder Naturgegebenheit hinnehmen. Das geschlossene Auge sorgt dafür, daß du, während du schaust, noch einen festen Kontrollpunkt innerhalb deiner selbst behältst. Daß du gleichzeitig auch noch fühlst, was du fühlst. Erstaunen vielleicht oder Empörung, wo du sonst nur den gewöhnlichen und alltäglichen Trott oder Streß gesehen hast. Oder ein abgrundtiefes Nein, wo du eigentlich voller Bewunderung sein solltest für Idole oder technische Wunder. Mit einem geschlossenen Auge (für mich bedeutet das so etwas wie: Verbindung halten mit deiner eigenen inneren Zuverlässigkeit) siehst du Gegensätze und Widersprüche, die sonst unsichtbar bleiben würden. Zum Beispiel, daß Menschen, die sehr hart arbeiten, darum noch lange kein großes Einkommen haben. Zum Beispiel, daß ein Mann, der ein zwölfjähriges Mädchen vergewaltigt, schwer bestraft wird; aber jemand, der in Kriegszeiten ein ganzes Dorf mit Jungen und Alten darin niedermachte, verherrlicht wird und Auszeichnungen erhält, wenn er auf der Seite des Gewinners steht.

Natürlich kann Herr Philips Glühbirnen machen, die statt sechs Monate dreißig Jahre halten. Das konnte man schon am Anfang dieses Jahrhunderts. Und die müssen darum kaum mehr kosten. Aber das tut er natürlich nicht. Denn dann hätten wir gute Glühbirnen. Und so ist das nicht gemeint. Es ist so gemeint, daß er verkauft und auch weiterhin verkauft. Darum müssen Waschmaschinen und Kaffeemaschinen und Glühbirnen und Fernsehgeräte so hergestellt werden, daß sie beizeiten wertlos werden, so daß wir gezwungen sind, immer wieder die gleichen Dinge anzuschaffen.

So funktioniert das bei Autos, Häusern, Zelten, Wohnwagen, Möbeln usw. Sie werden nicht mehr darum hergestellt, weil sie für uns nützlich sind. Das ist höchstens der erste Anlaß oder die Ausrede. Sie werden hergestellt, damit daran verdient wird. Der Produzent fragt sich nicht: Wie mache ich einen Gebrauchsgegenstand so gut wie möglich, einen der haltbar und praktisch ist? Sondern: Wie kann ich die Massen am besten betrügen, damit das Geld weiterhin aus ihren Taschen in die meine fließt?

Vom kritisch leben zum gesellschaftskritischen Leben

Du mußt zwangsläufig mit dieser Gesellschaft in Konflikt geraten, wenn du dich nicht ständig vergewaltigst. Dich selbst ernst nehmen und diese Gesellschaft einfach so akzeptieren, wie sie ist und in ihr nach ihren Normen mitspielen, sind zwei Sachen, die nicht zusammenpassen. Der Integrationsprozeß in dir selbst führt dazu, auch etwas an dieser Gesellschaft zu tun und sei es auch nur zu dem Zweck, dir selbst einen ehrlichen Platz zu garantieren.

In diesem Sinne bereitet die Gestalttherapie gesellschaftliche Veränderungen vor. In neun von zehn Fällen beobachte ich in Therapien, wie Menschen entdecken, daß sie überhaupt nicht krank oder gestört sind, sondern daß sie in Bedrängnis kommen, wenn sie sich gegen ihre eigenen inneren Kräfte krankmachenden Normen von außen anpassen wollen.

Sie hat ihre Geige verstaut. Schon seit Jahren. Oben, im Kleiderschrank des Hinterzimmers. Vielleicht sind schon einige Saiten gerissen. Ich müßte mal nachsehen, sagt sie. Früher spielte ich gern. Ich spielte für mich selbst und das konnte ich so richtig genießen, sagt sie.

Wenn du nicht mit Disziplin darangehst, mußt du das Geigespielen ganz lassen, sagte meine Mutter. Üben, üben, üben. Nicht einfach so sentimental drauflos streichen, nur für dich selbst. Geigespielen ist eine harte Sache. Es erfordert jahrelange Disziplin, bevor du jemals einigermaßen in einem Konzert mitspielen kannst. Sonst nimmt dich keiner.

Soviel Disziplin – jahrelang! – die kann ich nicht aufbringen, wenn ich abends müde von der Arbeit nach Hause komme. Mir wird schlecht, wenn ich nur daran denke. Manchmal sehne ich mich danach, wie früher zu spielen. Einfach zu spielen. Aber meine Mutter wohnt jetzt bei mir. Sie würde es hören und mir gleich wieder mit ihrer Disziplin kommen.

So liegt meine Geige immer noch in der Kammer. Vielleicht sind ein paar Saiten gerissen. Ich müßte einmal nachgucken.

Die meisten Therapien versuchen die Menschen in diese Gesellschaft einzuordnen und die konfliktbringenden Bedürfnisse im Menschen zu mäßigen oder anzupassen. In der echten Gestalttherapie passiert das nicht. Da wird Menschen geholfen, in der Gesellschaft zu »leben« in einer Art und Weise, bei der sie ihre eigene Antwort geben auf die Situationen, die gegeben sind, auch wenn diese Antwort einen Konflikt verursacht.

Dennoch darfst du unter den Gestalttherapeuten keine revolutionären Gesellschaftsveränderer suchen. Sie sind meist schon so beeindruckt von dem, was sie beim »Lebendig«-machen von Individuen an revolutionärem Geschehen sehen, daß sie es – außer Atem (!?) – dabei belassen.

Es scheint mir wichtig zu sein, gesellschaftliche Projekte mit gutem Gestalttraining zu verbinden. Wohnungsbauprojekte, Stadtteilprojekte, Projekte des Kinderschutzes oder Initiativen politischer Gruppen. Denn diese Projekte verlaufen oft im Sande, weil das Augenmerk zu wenig auf die Menschen gerichtet ist, die dabei betroffen sind. Die Menschen bummeln dann in den neuen Initiativen genauso herum, wie sie es vorher im alten Schlendrian taten. Oft geht das Resultat von großen oder kleinen Umwälzungen verloren, weil wir nicht sehen, was wirklich geschieht. Die neuen (diesmal linken) Anführer werden die neuen Despoten.

Das Proletariat erobert angeblich die Macht, aber die fällt in die Hände einer neuen, elitären Gruppe. Von Bürokraten und Theoretikern. Von Mandarinenbekämpfern, die sich selbst zu Mandarinen machen lassen. Oft werden sie die neuen Unterdrücker. Mit ihren starren Auffassungen, die sagen, wie es sein muß. Mit der zwingenden Art, wie sie Menschen auf dem Weg über Schuldgefühle zu Aktionen treiben. Gesellschaftliches Engagement aus moralischem Müssen heraus und nicht aus einer echten eigenen Wahl: Calvin als Transvestit. Die politische Aktion wird dann eine Last, die du auf den Schultern trägst, statt zu einer Energie, die aus dir heraus fließt. Diese Politisierung aus Schuldbewußtsein heraus kann man erkennen: An einer gewissen Krampfhaftigkeit, an einer Art Bitterkeit, die sich gegen alles richtet, was mit individuellem und die Beziehungen betreffendem Wohl zu tun hat (das wird dann Egoismus oder Nabelschau oder bürgerliche Dekadenz genannt). An Spottnamen für die, die näher am beziehungsmäßigen oder individuellen Pol dran sind. Mit einem Wort: An der sektiererischen, polemischen Einstellung. Besinnung, Beten, Therapie, sich zurückziehen, provisorische Inselsituationen, ein stiller Konferenzort, usw., sind dann Dinge, deretwegen du dich schämen mußt. Diese Angst (so will ich es mal nennen!) vor menschlichen und zwischenmenschlichen und individuellen Dingen, findest du manchmal vor bei linken Gruppen. Angst vor der Dialektik? Ihnen wird die Sicherheit des gradlinigen Denkens genommen. Sie kriegen feuchte Hände bei dem bloßen Gedanken, daß sie an dem anderen Pol Dinge entdecken könnten, die sie auch anstreben. Sie müssen sich auf der 'anderen' Seite eine Karikatur aufbauen, um in ihrer Unsicherheit das Gefühl zu haben, daß sie selbst es richtig machen.

So wird die Polarität unwirksam gemacht. Der eine Pol wird abgebrochen und lächerlich gemacht, um den eigenen Pol in den Himmel zu heben. Es wird nicht mehr von dem ausgegangen, was ist, sondern von den Idealen, mit denen sie sich identifizieren in einem heiligen Müssen.

Wenn ich zwischen linkem und rechtem Zwang wählen sollte, würde ich sagen, am liebsten habe ich gar keinen Zwang.

Tu kam zu Me-Ti und sagte: »Ich will beim Klassenkampf mitmachen. Unterrichte mich.«
Me-Ti sagte: »Setz Dich.«
Tu setzte sich und fragte: »Wie soll ich kämpfen?«
Me-Ti lachte und sagte: »Sitzt du gut?«
»Das weiß ich nicht« sagte Tu erstaunt. »Wie sollte ich denn sitzen?«
Me-Ti erklärte es ihm.
»Aber«, sagte Tu ungeduldig, »ich bin nicht gekommen, um sitzend zu lernen.«
»Ich weiß, du willst kämpfen lernen«, sagte Me-Ti geduldig, »aber zuerst mußt du richtig sitzen, denn in diesem Moment sitzen wir nun mal und wir werden sitzend lernen.«
Tu sagte: »Wenn du immer danach strebst, bequem zu sitzen und aus dem, was ist, das beste zu machen, mit anderen Worten, wenn du nach Genuß strebst, wie kannst du dann kämpfen?«
Me-Ti sagte: »Wenn du nicht nach Genuß strebst, nicht das Beste aus dem, was ist, herauszuholen versuchst und nicht bequem sitzen willst, wofür solltest du dann kämpfen?«
Bertolt Brecht (Me-Ti, Buch der Wendungen)

5. Gestalttherapie und Marxismus

Hier will ich über die Verwandtschaft sprechen, die ich erfahre zwischen meinen Gedanken über gesellschaftliche Dinge, die zum größten Teil auf Marx zurückzuführen sind und meinen Ideen über Therapie, die ich hauptsächlich innerhalb der Gestalttherapie entwickelt habe. Diese beiden Entwicklungen bewegen sich immer mehr aufeinander zu. Ich bin darüber erstaunt. Ich freue mich darüber. Zwei Weltteile in mir, die sich ziemlich unabhängig voneinander entwickelt haben, fügen sich ineinander. (Anmerkung: Was im Augenblick politisch-ökonomisch vor sich geht, verfolge ich nur noch in großen Zügen. Damit beschäftige ich mich nicht den größten Teil des Tages. Die Leute, die dieses lesen, wahrscheinlich auch nicht.)
Bequemlichkeitshalber rede ich hier von »Gestalt und Marxismus«. Aber es geht um zwei Lebens- und Denkweisen in mir. Weisen, die einander immer mehr zur Hilfe anrufen und brauchen. Ich stelle mich damit ausdrücklich außerhalb der textkritischen Diskussionen zwischen Marxisten der verschiedensten Richtungen und Gestaltphilosophen von verschiedenen »Ufern«. Die »Verwandtschaft« zwischen den beiden Weisen finde ich auch deshalb wichtig: Weil Gestalt und Marxismus nicht nur eine Ideologie bieten, sondern auch einen Ansatz zu Veränderungen. Und »Macher« sein ist für mich mindestens genauso wichtig wie »denken«.

Gleichlautende Ansätze

Ich erkenne in beiden Strömungen (Gestalt und Marxismus) mehr oder weniger gleichlautende Stellungnahmen. Hier einige Beispiele für Stellungnahmen oder wichtige Ausgangspunkte, die sowohl aus der Gestaltecke wie aus der marxistischen Ecke gleichlautend klingen:

– Denken und Tun hängen wesentlich zusammen.

– Wie Menschen leben und arbeiten ist wichtig, nicht »was der Mensch ist«.

– Der Prozeß, das Werden der Menschen und ihrer Welt ist wichtig.

– Wie sie hier und jetzt bestimmt werden von ihrer Vergangenheit und wie sie hier und jetzt Geschichte machen (auch wenn sie das nur auf die Art tun, daß sie die Hände in den Schoß legen.)

– Probleme muß man auf die Praxis bezogen sehen. Das »wie« ist die zentrale Frage. Z.B.: »Wie« wird jemand so unfrei in seiner Arbeit. »Wie« behandelst du deine Unwelt und »wie« behandelt sie dich?

Der Unterschied

Der Unterschied zwischen Gestalt und Marxismus liegt vor allem darin, daß beim marxistischen Denken der individuelle Mensch nicht im Mittelpunkt steht. Dieser fundamentale Unterschied trifft mit Marx' Umkehr zusammen (1845 als er von Frankreich nach Brüssel auswich). Er ließ den Gedanken fallen, »den Menschen« als Ausgangspunkt (= Humanismus) seiner Analyse zu sehen. Der neue Ausgangspunkt wurde: Wie funktioniert das Zusammenleben, in dem Menschen leben und das von Menschen gemacht wird.

Ein Individuum gesondert betrachten, losgelöst von der Gesellschaft ist eine Abstraktion. Wenn du Menschen nur von der gesellschaftlichen Seite aus siehst, ist das natürlich auch eine Abstraktion. Diese Gefahr droht auf beiden Seiten. In der Gestalt wird meist der Pol hervorgehoben: Ich bin ich, du bist du und wir haben noch viel miteinander gemeinsam, wenn wir zugleich unsere individuellen Grenzen hundertprozentig ernst nehmen.

Diese Betonung der individuellen Grenzen der Menschen, wie wertvoll sie auch sind, kann zu einem naiven Denken über die gesellschaftliche Realität führen. Diese ist nicht nur von Individuen her zu fassen oder zu verbessern, und Menschen können nicht wirklich »sie selbst« (so heißt das dann) werden, wenn sie die gesellschaftliche Realität außer acht lassen.

Und darum denke ich, brauchst du den Beitrag beider Strömungen. Nicht abgeschwächt! Das Gespräch zwischen den Polen.

Rezept für eine Rhabarberspeise

Man wasche den Rhabarber, bis kein Sand mehr dran ist. Blätter ab. Die hellen Stümpfe dran lassen. Keine Häutchen abziehen. Man lasse den Rhabarber Rhabarber sein.

In Stücke schneiden. Nicht zu klein, sonst ist es kein Rhabarber mehr. Nun nehme man eine Zitrone. Man schäle sie. Eine lange Schale. Man gebe die Schale zu dem Rhabarber. Dann schneide man die Zitrone in Stücke und gebe sie auch dazu. (Dies alles, um den sauren Pol des Rhabarbers nicht abzuschwächen, sondern ihn zu verstärken).

Nun erst füge man den Zucker hinzu. Mit etwas Wasser setze man das Ganze auf und bringe es zum Kochen. Nur kurz aufkochen, damit die Rhabarberstücke Rhabarberstücke bleiben.

Das ganze vom Feuer nehmen und während man es runternimmt, menge man noch eine Dose eingemachter Kirschen darunter.

Man lasse im Keller alles abkühlen. Man esse es auf und lasse es sich schmecken. Als Nachtisch oder als Vorspeise, wie es einem beliebt.

Die Kirschen sind Kirschen geblieben, der Rhabarber Rhabarber. Der Zucker wurde durch die Zitrone in Grenzen gehalten. Sauer bleib sauer. Süß bleib süß.

P.S.1. Die Zitronenschale esse man nicht mit, sondern lecke sie nur sorgfältig ab und werfe sie danach auf den Komposthaufen.

P.S.2. Libbe sagt: Den Zucker streue ich erst drüber, wenn die Speise kalt ist. So bleibt er nicht nur süß, sondern auch sichtbar und auf der Zunge fühlbar.

Parallellaufende Linien

Hier will ich mich kurz mit einigen wesentlichen Zügen im Marxismus und in Gestalt befassen, die meiner Ansicht nach parallel laufen. Nicht um die Autorität von Marx heranzuziehen, um auf dem marxistischen Markt Gestalt zu verkaufen oder um mein marxistisches Denken in der Wachstumsbewegung an den Mann zu bringen. Sondern um für mich selbst eine Brücke zwischen den zwei deutlich erkennbaren Ufern, die sich sicherlich niemals berühren werden, zu schlagen, die für mich aber immer, unzertrennlicher zusammengehören, wenn ich meine Landschaft nicht fortspülen lassen will.

1. Die Herrschaft des Bewußten (des Geistes)

Es geht darum, daß das Bewußte (der Geist) den Sieg über die unbewußten Kräfte in der Natur und in der Gesellschaft davonträgt. D.h. wenn du weißt, was in dir vorgeht und du die Kräfte um dich herum kennst – wenn du weißt, wie du unfrei wirst oder betrogen wirst und wenn du analysierst wie dieser Mechanismus funktioniert, dann kannst du etwas daran verändern. In der marxistischen Philosophie sagen wir: Du mußt das bewußte Moment verstärken. So sorgst du dafür, daß etwas geschieht. Wenn du bis in deine Knochen weißt, was läuft (=awareness), bleibt Bewegung in der Sache (=Prozeß). Dann können manche sinnvolle Veränderungen entstehen (=das bewußte Moment ist der Motor des historischen Prozesses.) In der Gestalt hast du denselben Ausgangspunkt. Das, was läuft, in den Griff kriegen (=awareness des Prozesses) geschieht über das Verstärken des bewußten Moments (=awareness der Wahrnehmung). Darauf baut die paradoxe Strategie des Veränderns in Gestalt auf.

2. Die paradoxe Strategie der Veränderungen

Die Veränderungsstrategie auf gesellschaftlicher Ebene im Marxismus ist meiner Ansicht nach der paradoxen Strategie der Veränderungen in der Gestalttherapie analog.
Bestehende Machtbeziehungen aufdecken (=awareness) ist der mächtige Hebel für Veränderungen. Bewußt erfahren, daß und wie du unterdrückt wirst (=awareness), ist schon ein großer Schritt zur Aufhebung der Unterdrückung. In Frauengruppen und Initiativen wird mit derselben Strategie gearbeitet, wie in der Gestalttherapie: Mache den Menschen bewußt, was läuft und was sie sich antun lassen. Damit stellst du sie vor die Entscheidung: die Dinge bewußt so zu lassen, wie sie sind oder etwas daran zu tun. Die Wahrscheinlichkeit, alles ruhig beim alten zu lassen, wird dadurch geringer. Weil sie ihre Einfalt, die es ihnen leichter machte, im Status quo zu leben, verloren haben. Die Hindernisse – auch in der Gesellschaft – werden dann zu Mitteln. Neues entsteht dann nicht mehr aus idealistischen sinnlosen Parolen heraus, sondern aus dem Sich-bewußt-werden, was ist. Einsicht in dieses System. Oder zumindest Einsicht in die Tatsache, daß wir keine Einsicht in dieses System haben. Öffentlichkeit. Wissen, wie mit dir umgesprungen wird. Was dir vorenthalten wird.
Diese Strategie der Veränderung haben übrigens weder die Marxisten noch die Gestalt-Leute, ja nicht einmal Watzlawick, erfunden, sondern ist so alt wie die Welt (wir finden sie im Buddhismus, in der Bibel, in der mittelalterlichen Mystik, im Taoismus, im Klassischen Altertum, usw.). Aus dem, was ist, kann etwas werden. Nicht aus dem, was da sein sollte. Es gibt einen Ausweg aus der Schizophrenie heraus: der nämlich, den Reichtum und die Möglichkeiten, die die Schizophrenie in sich selbst birgt, zu entwickeln. Es gibt einen Weg aus dem Alkoholismus heraus: die Botschaft zu hören und anzunehmen, die dir dein Alkoholismus sendet. Es gibt einen Weg aus dem Autismus heraus: Den

Autismus als Antwort auf eine tatsächliche, reale Situation zu erkennen.

Wer sein Leben verliert, wird das Leben gewinnen. Wer sein Leben behalten will, wird es verlieren. Die Möglichkeiten zu einer anderen, nicht-kapitalistischen Gesellschaft, liegen nicht in deren Vernichtung, sondern in den wirtschaftlichen, sozialen, wissenschaftlichen, politischen und technischen Entwicklungen der jetzigen Zeit.

Mit anderen Worten, wie man es in der Gestalttherapie so paradox formuliert: Wenn du raus willst (aus deinen Hemmungen, aus deiner Abgeschiedenheit, aus deiner Unterdrückung, aus diesem ökonomischen System, aus deiner dir auferlegten Frauen- oder Männerrolle, aus deinem überarbeitet sein (impasse), aus deinen Kopfschmerzen, aus deiner Sackgasse, dann geh hinein. D.h. durchlebe die Realität, die sich dir anbietet, so bewußt wie möglich. Wenn du aus deiner jetzigen Lage rauswillst, mache dir diese jetzige Lage immer mehr zu eigen, indem du dir vergegenwärtigst, was du tust und was mit dir gemacht wird.

3. Der Mensch als Architekt der Geschichte

Du bist nicht nur der Spielball politischer Mächte und Prozesse. Du machst deine Politik und deine Gesellschaft auch selbst. Deinen »Führer«, deinen Nixon, deinen Prinz Bernhardt, deinen Papst Paul den VI. Auch, wenn du auf der Verliererseite stehst. Auch wenn du durch diese Gesellschaft entmenschlicht wirst, dir dein Glanz genommen wird, du geknechtet wirst. Es ist wichtig, die Welt als Produkt dessen zu sehen, was Menschen tun und zu versuchen, die eigenen Arbeitsprodukte (wieder) unter Kontrolle zu bekommen.

Diese Gedanken werden in Gestalt in die Praxis umgesetzt mit Themen wie: die Verantwortung übernehmen, Macht über dein Sein wieder übernehmen, wenn du sie auf destruktive Mächte um dich herum projiziert hattest. Wenn die Macht, die vom Wesen her deine eigene ist, tatsächlich im Besitz von anderen (einer Art besitzender Klasse) ist, dann trägst du einen Teil der Verantwortung, daran etwas zu verändern.

Viele dieser Dinge brauchst du dir zwar nicht selber anzulasten, sondern sie gehen auf die Rechnung der Menschen als Gruppe, zu denen du gehörst. Die Gesellschaft um dich herum ist also nicht Fortuna, die dich emporhebt und nicht das Verhängnis, das dich ohne weiteres zerschmettern kann. Sie besteht aus Menschen, die alle zusammen in verschiedenen Funktionen und Rollen bestimmen, daß die Sache so läuft, wie sie läuft. Sogar, wenn du dich um nichts scherst, was in der Gesellschaft passiert und keinen Finger rührst, um dich um irgendetwas zu kümmern, erfüllst du eine Rolle um »diese« Gestalt der Gesellschaft aufrecht zu erhalten. Und dich abseits von allem gesellschaftlichen Geschehen zu halten, schafft das beste Klima, um Verfremdung und Entmenschlichung wachsen zu lassen.

Dieser Verfremdungsprozeß wird in Gestalt in anschaulichen Begriffen ausgedrückt.

Keine eigenen Augen mehr haben (= nicht mehr selbst schauen und beurteilen, was läuft). Keine eigenen Zähne mehr haben (damit du, was du zu fressen bekommst, abbeißen kannst und so auswählen kannst, was zu dir paßt und was nicht). Nicht mehr erbrechen oder kauen oder ausspucken oder scheißen oder schauen oder schlagen. Auf dir sitzen lassen, bis du nur noch die Sitzfläche anderer bist. Das bedeutet Verfremden der Gestalt, des Ganzen. Deiner eigenen persönlichen Gestalt, aber auch deiner gesellschaftlichen Gestalt. So geht die Dynamik des Ganzen verloren. Es zerfällt in einander feindliche oder einander fremde Teile. In Klassen. Unterdrücker und Unterdrückte. Und diese Klassengegensätze gelten sowohl für die soziale Dynamik einer Gesellschaft als auch für der kleinen Gesellschaft der Subpersönlichkeiten: Topdogs und Underdogs. Der unterdrückte kleine Mann in dir, der im Konflikt lebt mit dem Prestigejäger und mit dem auf Produktion ausgerichteten Betriebsleben in dir.

Im Marxismus versucht man diesen Prozeß mit Begriffen wie »Totalität« und »Moment« zu verdeutlichen. In Gestalt mit analogen Begriffen wie »Gestalt« und »hier-und-jetzt«.

4. Totalität und Moment. Gestalt und hier-und-jetzt.

Die Totalität oder Gestalt ist ein lebendiges, sinnvolles Ganzes. Mehr als die Summe der einzelnen Teile. Was geschieht, kannst du nicht einfach als eine Kettenreaktion einzelner Ursachen und einzelner Folgen erklären. Du mußt immer das Ganze im Auge behalten, sonst läßt du das Wichstigste aus. Oben und unten. Links und rechts. Sie halten einander imstande. Sich gegenseitig beeinflußend. Aufeinander einwirkend.

Und das »hier-und-jetzt«, »das Moment« ist keine tote Fotografie der Realität, sondern gehört zu dem Ganzen, das in Bewegung ist und sich ständig verändert. Darum ist das »Moment« und das »hier-und-jetzt« gleichzeitig die Triebkraft des Ganzen und der Punkt, an dem verändernd eingegriffen werden kann.

Marxismus ebenso wie Gestalttherapie geht von Momenten, die voller Antrieb zur Veränderung stecken, aus. Nicht von der Tatsache, daß »Dinge nun mal so sind und du daran nicht viel verändern kannst«. Beide sind auf den Prozeß ausgerichtet, nicht auf Zustände.

5. Historisch-Dialektisch-Materialistisch

Gebraucht man auch in Gestalt nicht diese großen Worte, so gelten doch bei ihr meiner Ansicht nach, und sei es auch auf anderer Ebene, genau die Ausgangspunkte, die in diesen Worten enthalten sind.

a) Historischer Ausgangspunkt – Der Prozeß ist in Gestalt das wichtigste. Du kannst Menschen nur in Ihrer Geschichte begreifen. Darum mußt du versuchen, ihnen da zu begegnen, wo sie »geschehen«. In dem, was sie hier und jetzt tun. Dies hier-und-jezt, dieser Moment, ist keine einzelnstehende Tatsache, die einzeln genommen interpretiert werden kann, sondern ein Hebebalken in den Händen des Eigentümers, um weitere Schritte zu unternehmen. Aus dem Jetzt heraus kannst du deine Erfahrungen und Möglichkeiten immer weiter ausdehnen.

b) Dialektisch – Die Dialektik, das »Gespräch zwischen den Polen« ist ein geeigneter Weg zur Synthese, zur Integration in Gestalt.
Sie ist eine geeignete Methode der Gestalttherapie, um dies Gespräch zwischen den Polen als eine Art Psychodrama aufzuführen. In diesem Gespräch zwischen den Polen (ein Gespräch, das oft mehr die Form eines Klassenkampfes annimmt!) hofft man Veränderungen zu erreichen, die von der Person selbst kommen. Die entgegengesetzten Pole sind ja Kräfte, die zu einem Ganzen gehören. Das Verstärken der Pole fordert zu einer Entscheidung und zu einem Handeln heraus, bei dem die polaren Kräfte auf eine neue – hoffentlich fruchtbarere Art und Weise – wirken.
Für die Dialektik ist es wichtig, die Spannungsfelder aufzudecken. Zu sehen, wie die Pole einander voraussetzen, versorgen, brauchen.
In Gestalt z.B. die beiden Pole Topdog und Underdog: zwei Pole, die sich gegenseitig brauchen.
In der dialektischen Strategie zur Emanzipation: im Gespräch mit den Betroffenen selbst nach strukturellen Veränderungen suchen. Gleichzeitig an den Strukturen und an den Menschen innerhalb dieser Strukturen arbeiten.

c) Materialistisch – Im Marxismus bedeutet Materialismus, daß die »Art und Weise wie Dinge gemacht werden« im Mittelpunkt steht.
Auch in der Gestalttherapie ist alles ausgerichtet auf das »Wie« (das »wie« des Tuns und das »wie« des Machens). Nicht auf die Warumfragen. Nicht auf das Produkt. Mehr auf die Produktionsart.
Die »Produktionsart«, um die es beim marxistischen Denken geht, bestimmt wie Unterricht auszusehen hat, wie Wissenschaft betrieben wird, wie Religion,

Politik, Kunst, Philosophie und Eigentumsverhältnisse Menschen unterdrücken oder frei machen. Die Produktionsart hat dann vor allem mit den verschiedenen Arbeitsverhältnissen zu tun. Hast du noch etwas mit den Produkten deiner Arbeit zu tun? Oder darfst du dich nicht darum kümmern und wirst freundlich mit deiner Lohntüte abgespeist? Zählst du etwas in deinem Betrieb? Oder bist du nur ein Teil der großen Maschine? Wie wird auf deiner Arbeit mit technischen Mitteln und Energiequellen umgesprungen? Stehen sie noch den Bedürfnissen der Menschen zur Verfügung? Wie stehen die Arbeiter zu den Rohstoffen, die sie benutzen? Wie sind die Menschen in den verschiedenen Stadien eines Arbeitsprozesses voneinander abhängig? In Ausbeutung oder Zusammenarbeit?

Die oben genannten Thesen wie: Besitzer dessen sein, was du herstellst, abgefunden werden, Mitsprache, Anonymität, Energiehaushalt, Bedürfnisse, Abhängigkeit, Ausbeutung oder Zusammenarbeit, deuten die Spannungsfelder nicht nur auf politischer oder betriebsorganisatorischer Ebene, sondern auch auf der Beziehungsebene und genausogut zwischen den verschiedenen Teilpersönlichkeiten in der Psyche des Menschen an.

Mit anderen Worten: Das »wie« des »Tuns« bestimmt das »wie« des Lebens der Menschen miteinander und der Menschen mit der sie umgebenden Natur.

Diese Auffassung steht sowohl in Gestalt als auch im marxistischen Denken im Mittelpunkt.

6. Entfremdung

Mit »Entfremdung« meine ich einen Prozeß, bei dem Dinge, die zu dir gehören, wie vor allem deine Arbeit und deren Früchte, immer mehr von dir entfernt werden. Dieser Prozeß vollzieht sich auf verschiedenen Ebenen. Auf gesellschaftlich-politischer Ebene. Auf persönlicher und zwischenmenschlicher Ebene.

Sowohl in Gestalt als auch im Marxismus ist das ein Prozeß, in dem Dinge, die Menschen gehören, Menschen genommen werden und Menschen sie sich auch nehmen lassen.

Die Maschinen müssen nachts weiterlaufen. Nicht weil so großer Bedarf an den Produkten besteht, die dann auch nachts hergestellt werden. Sondern weil die Amortisation der Maschinen sonst in Gefahr ist. Die Herstellung von Produkten mit Maschinen hat dann immer weniger mit der Herstellung von Produkten mit irgendwelchem Nutzen zu tun, sondern nur mit Kapitalumsatz. Die Maschinen, die Menschen vielleicht einmal für nützliche Zwecke hergestellt haben, unterwerfen jetzt die Menschen ihrem unmenschlichen Rhythmus. Sie führen ein selbständiges Leben, ihren eigenen Gesetzen folgend. Was für die Menschen gut ist, zählt dabei nicht mehr. Im Gegenteil: Immer mehr Menschen geraten dadurch in die Klemme, weil der Rhythmus der Maschinen und die Gesetzmäßigkeiten der Produktion nicht menschlich sind.

Die Arbeit von Menschen wird, losgelöst von der Bedeutung, die sie für diese Menschen hat, zur Ware auf dem internationalen Arbeitsmarkt. Dinge werden gemacht und angebaut, nicht um gebraucht zu werden, sondern um vernichtet zu werden: Obst, Kaffee, Butter, Gemüse, Getreide. Menschen sind nicht mehr Besitzer ihrer eigenen Gesundheit, ihrer eigenen Krankheit und der Behandlung ihrer Krankheit. Kopf und Hände werden getrennt. Dankarbeiter sind der Kopf. Den Händen wird die dumme Arbeit gegeben. Die Hände sind dann immer mehr die ungeschulten oder ausländischen Arbeitnehmer, die die Sprache nicht kennen. Immer mehr Menschen können sich nicht mehr in ihrer Arbeit entfalten. Arbeitend unterwerfen sie sich nicht dieser Erde, sondern bauen an einem System mit, das sich gegen sie wendet. »Leben« wird immer mehr für die Zeit außerhalb der Arbeitsstunden reserviert. Unfrieden. Hilflosigkeit. Erniedrigung. Vereinsamung.

In einem solchen System gehören die Menschen nicht zueinander, sondern sind Rivalen füreinander. Du bist nicht das wert, was du bist, sondern das, was du mehr bist als andere. Und da sich die Normen dieser Hierarchie ständig durch Werbung oder Mode verändern, nimmt die Konkurrenz kein Ende. Menschliche Eigenschaften haben einen Marktwert bekommen und steigen oder fallen im Zuge dieses Marktes.

Sind die kindlichen Weibchen gerade in Mode, dann müssen die Frauen versuchen, so kindlich und naiv wie möglich auszusehen. Sind die großen Brüste in, dann schaltest du auf schaumgummigefüllte Körbchen und Hormoninjektionen oder Massagegeräte. Ich merke das erst richtig, wenn ich die Menschen auf dem Nacktbadestrand rumlaufensehe, so wie sie wirklich sind. Nicht mit der Kleidung ihres Standes oder mit der Mode aufgezäumt. Nicht mit Tricks suggerierend, was nicht ist. Da trägst du kein weiß um etwas molliger zu wirken oder kein schwarz, was dich schlanker macht. Keine Schaumgummikörbchen. Männer, die einfach einen Buckel haben. Einen großen oder kleinen Pimmel. Mit Bauch oder ohne. Mit oder ohne Hängepopo. Wie sie sind. Frauen mit Brüsten wie Granatäpfel oder Hängebusen oder prall stehende oder Kürbisse oder Zitronen oder Kaiserschnittbäuchen. Jeder nach seiner Art und Geschichte. Dort auf den FKK-Campingplätzen sehe ich nichts von der Rivalität zwischen Männern untereinander und von Frauen untereinander, die sonst so bestimmend ist, wenn Menschen einander nahe kommen.

Menschen sind auf den Markt gekommen. Sie müssen verkaufen, um Geld zu verdienen, aber auch um gesellschaftliche Anerkennung zu erwerben. So werden sie zu Feinden füreinander, in der Konkurrenz. Es wird auch wichtig, daß der andere versagt, erniedrigt wird.

Deine Schwäche oder dein Mißgeschick werden meine Stärke und mein Erfolg. Ein Welt der Heimlichkeit, der Angst, des Schummelns, des Hasses, der Intrige.
Was bist du wert? Wieviel Anschläge pro Minute? Wieviel Publikationen fallen auf deinen Namen? Was hast du gelesen? Bist du auf dem Laufenden? Welche Zeugnisse kannst du vorlegen (Nicht: was kannst du bewältigen?) Der Terror hört nicht auf. Sowohl für Marx als auch für Gestalttherapie ist dieser Entfremdungsprozeß umkehrbar. Man kann etwas daran ändern.
Therapie in Gestalt ist: dir etwas wieder aneignen, was in Wirklichkeit dir gehört. In dir. Indem du dir vor allem deine Energie wieder aneignest. Aber auch außerhalb von dir. Indem du die Welt um dich herum so beeinflußt, daß sie mit dem zentralen Ort übereinstimmt, den du als Mensch in dieser Welt einnimmst.
Emanzipationsprozesse, die dazu da sind, die Entfremdung aufzuheben, seien es nun welche aus der Gestaltecke oder aus der marxisitischen Ecke, umfassen sowohl die Menschen selbst, als auch die Umgebung, die das Werk der Menschen ist.

Der Prostitutionsplanet

Es gab einen Planeten, auf dem die ganzen gesellschaftlichen Verhältnisse sich auf Prostitution aufbauten. Es gab Wohlfahrt. Besonders für die Zuhälter. Eine Kategorie Menschen prostituierte ihre Körperkräfte. Vierzig Stunden die Woche. Auf dem Arbeitsmarkt. Das brachte Geld ein. Besonders für die Zuhälter.
Eine zweite Kategorie verkaufte ihre Kreativität oder ihre Intelligenz oder ihren Kunstsinn für Geld. Auch dafür gab es einen Markt. Das trug Geld ein. Besonders den Zuhältern. Diese zweite Art von Prostituierten durfte für sich selbst etwas mehr zurückbehalten. Das war bürokratisch geregelt. So wähnten sie sich auch freier als sie waren und konnten sich ab und zu als Zuhälter aufführen.

Es wurden Belohnungen für Menschen ausgesetzt, die besondere Nummern aufführten. Prämien. Dreizehntes Monatsgehalt. Orden. Zwanzigjähriges Jubiläum und ähnliches. Das stimulierte. So sehr, das einige versuchten, Auftritte zu bewerkstelligen, die über ihre Grenzen gingen und die ihnen einen Knacks im Rücken eintrugen.

Prostitution brachte also nicht nur Geld ein, sondern auch gesellschaftliche Anerkennung. Besonders den Zuhältern, natürlich. Deine Leistungen auf dem einen oder anderen Gebiet brachten dir »Punkte« ein. Was du und wie du warst, zählte nicht.

Hier und da gab es aber ein paar quertreibende Alternativlinge, die nicht gewillt waren, einen Teil ihres Körpers, ihrer Arbeit, ihrer Kreativität im Schaufenster des Betriebslebens, der Wohlfahrt, oder des Unterrichtswesens feilzubieten. Das Leben wurde ihnen sauschwer gemacht. Sie landeten oft auf der Müllhalde zwischen Verbrechern, geistig Kranken, Alten und anderen Halbmenschen.

Ein Kategorie der Prostitution wurde gesellschaftlich nicht honoriert. Nur toleriert, weil sie auch Geld einbrachte. Besonders den Zuhältern natürlich. Das waren die Menschen, die sich nur in sehr geringem Maße prostituieren wollten. Sie boten nur einen kleinen Teil ihres Körpers und ihrer Persönlichkeit als Ware an: Ihre Möse oder ihren Pimmel, um in allerlei Varianten zu bumsen.

Dieser Kategorie begegnete man mit allgemeiner Verachtung. Sie bekamen keine Orden oder dreizehnte Monatsgehälter. Doch es war ein Markt dafür vorhanden.

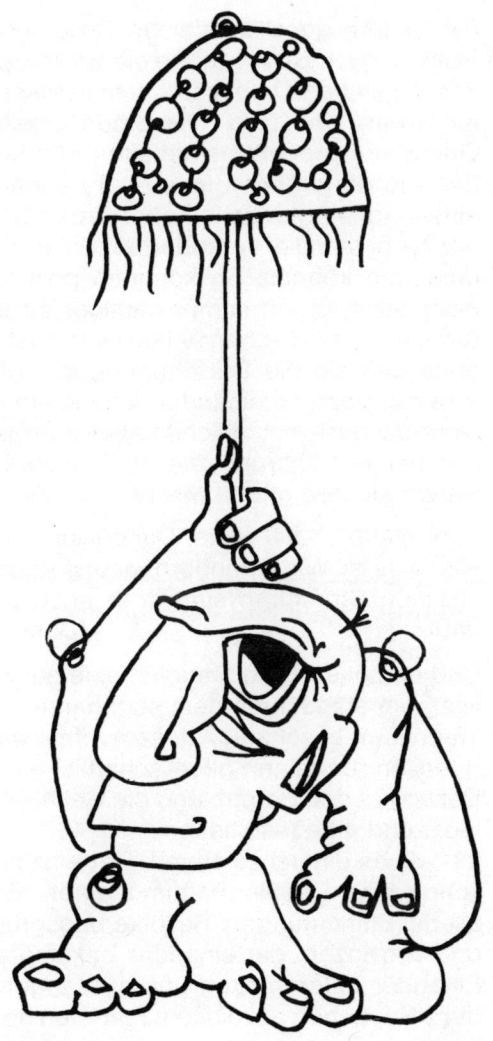

6. Gesellschaftliche Veränderung und persönliche Integration

Zwei Ebenen mit dem gleichen Prozeß

Eine echte gesellschaftliche Revolution scheint mir nicht möglich zu sein, ohne die persönliche Entfaltung von Menschen. Dafür braucht man Menschen, die sich für etwas einsetzen. Die einen eigenen kritischen Orientierungspunkt beibehalten. Die sich immer wieder aus der eigenen inneren Tyrannei befreien. Die eine eigene Autonomie haben, aus der heraus sie mit der sich ständig veränderten Welt um sich herum umgehen können. So kommen politische Initiativen nicht ohne Grund immer häufiger zu der Erfahrung, daß sie ihre politischen Aktion nicht ausführen können, ohne daß sie die Beziehungen der Mitglieder ihrer Arbeitsgruppe miteinander verbessern.

Denn die gesellschaftlichen Strukturen bestehen nicht nur um dich herum. Sie sind auch in dir. Daraus ziehen sie ihre größte Macht.

»Ich glaube, daß eine Dimension des politischen Kampfes ist: Wie verändern wir uns selbst. Die kapitalistischen Strukturen sind ja in unsere Köpfe eingebaut.«   (Daniel Cohn-Bendit)

Und umgekehrt: Du brauchst eine ganze Portion Naivität, um ständig mit dem sogenannten persönlichen Wachstum beschäftigt zu sein, ohne daß das Konsequenzen für deinen gesellschaftlichen Standpunkt in Bezug auf den Betrieb und die Gesellschaft, in der du lebst und arbeitest, hat.

Ich will es einmal so sagen: Der einzelne Mensch ist schon eine Gesellschaft-im-Kleinen. Bestehend aus allerlei Einrichtungen, Bevölkerungsgruppen, Staaten und Provinzen, die einander bekämpfen oder nicht. Einander unterdrücken und aussaugen. Oder einander beim Leben auf diesem Planeten helfen. Einander

Raum geben und ehren oder einander kaputt machen. Diese Teilpersönlichkeiten mit ihrer eigenen Philosophie, mit ihren eigenen Normen, Strukturen, Kriegen, Nichtangriffsverträgen und Bündnissen bilden eine Gesellschaft im Kleinen. Ich bin jedesmal wieder erstaunt darüber, wie die Art und Weise, in der diese kleine Gesellschaft funktioniert, gleichzeitig zeigt, welchen Stand Menschen in der großen Gesellschaft haben. Nach rechts oder links unterdrückend, genauso, wie sie ihre empfindsamen und verletzlichen Teilpersönlichkeiten unterdrücken. Oder offen, genauso, wie sie sich selbst nicht vor dem Leben verschließen. Oder ihren eigenen Gegenpol verleugnen und dann als linke oder rechte Dogmatiker jeden, der anders ist, stark einengen. Dies alles ist kein Plädoyer für die Behauptung, daß durch mehr integrierte Menschen ganz von alleine eine bessere Gesellschaft entsteht. Person und Gesellschaft sind zwei ganz und gar verschiedene Ebenen. Aber der gegenseitige Einfluß ist so stark, daß es oft scheint, als ob es derselbe Wellenschlag ist, der in den verschiedenen Schichten sichtbar wird. Darum glaube ich nicht an Veränderungen, die sich auf eine der beiden Ebenen beschränken.

Kaufen und Verkaufen, Produzieren, Straßen bauen, Märkte streichen, Kapital bilden, Wohnungen bauen, Autos: Das sind nicht nur wirtschaftliche Dinge. Es sind zwischenmenschliche Beziehungen. Daran können wir ablesen, wie wir miteinader umgehen. Hier können wir verwirklichen, wie wir miteinander umgehen wollen. Menschliche Beziehungen: Die vierspurige Straße quer durch Hiversums Zentrum. Immer wieder neue Etagenhäuser zwischen Verkehrslärm und U-Bahn. Kinderspielplätze oder keine. Examen. Disqualifikation bei Fähigkeiten, die du dir selbst erworben hast, worüber du also kein Zeugnis vorlegen kannst. Haltbare Apparate. Stille. Start der Flugzeuge über den Amsterdamer Wald, Freude an der Arbeit. Stolz auf Dinge, die du für andere gemacht hast. Häuserreihen, die wie Aktienanteile ordentlich nebeneinander liegen. Marx nennt Eigentum eine Umgangsform. Kapital eine Beziehung.

Gestalt und gesellschaftliche Veränderung

Mit Gestalt allein bringst du es, denke ich, nicht weit mit der gesellschaftlichen Veränderung. Bis jetzt ist Gestalt auch noch nicht als Methode und als Möglichkeit zur Gesellschaftsveränderung entwickelt worden. (Höchstens auf den Gebiet des Unterrichtswesens.) Die »Ziel«-Gruppe fehlt: Dafür sorgen, daß Menschen sich die gemeinsame Unterdrückung oder die gemeinschaftlich vorhandene Energie bewußt machen (kollektive Wahrnehmung), ist wichtig, um zu gesellschaftlichen Veränderungen zu kommen. Es fehlt das »Frauen aller Länder vereinigt Euch« oder »Arbeiter aller Länder vereinigt Euch«.

Und das Gemeinsame des Beherrschtwerdens und das Gemeinsame der gesellschaftlichen Integration ist etwas so Wesentliches, daß du kein Individuum einzeln damit belasten kannst oder darfst. Allein kannst du der Entfremdung nicht entkommen. Selbst wenn es dir gelingen sollte, dann landest du durch dieselbe Tür, durch die du aus dem Gefängnis entwischt bist, wieder in derselben Zelle nur auf einer anderen Ebene. Denn du bist allein. Durch die entfremdende Gemeinschaft entfremdet, aber auch der Gemeinschaft entfremdet. Du kannst deine eigene Entfremdung nicht aufheben, ohne ein Stückchen Gemeinschaft aufzubauen, in der ihr anders miteinander umgeht.

Gestalttraining kann meiner Ansicht nach eine gute Vorbereitung oder Begleitung gesellschaftlicher Projekte sein, aber führt allein nicht weit genug. Diesen Anspruch hat die Gestalttherapie gar nicht. Sie hat genügend andere.

»Wenn du dich mit revolutionären Veränderungen beschäftigst, fällt Sich-selbst-ändern mit dem Verändern der gesellschaftlichen Situation, in der du lebst, zusammen.« *(Marx)*

Ich vertraue auf keinen allein ohne Gemeinschaft. Ich vertraue auf keine Gemeinschaft ohne den Einen allein.

Vom gesellschaftlichen Sein zum Sein
(Fortsetzung von »Die Lauernuß«, Seite 5)

Er war entweder Kaiser in seiner Lauernuß oder dem Matriachat unterworfen, das Himmel und Erde erfüllte. Mit Jesus über den Wolken thronend oder sonst nirgends. Jesus! Dann lieber ersteres. Verschon mich mit deiner Mutter Maria!

Er wurde zum Messias. Der große Helfer. Die Menschen waren Tiere, die aus ihren Käfigen erlöst werden mußten. Wie auch immer. Aus dem Käfig der Religion, wenn du meinst. Aus Phantasien. Aus Kompetenzen oder anderen Neurosen. Aus dem Würgegriff unserer heiligen Mutter, der Kirche. Aus Systemen. Das war eine Rolle, die er leben konnte, eine Zeitlang. Lieber diesen sicheren Platz über den Menschen, aber immerhin zu ihrem Nutzen, als gar keinen Platz bei den Menschen zu haben. Der Helfer mit dem unerschöpflichen Herzen. Schöpferische Verzweiflung, die Berge versetzt.

Tausende sagten ihm mit warmem Blick von unten nach oben: Du darfst so bleiben. Ich bin froh, daß es dich gibt. Mit deinen braunen Hundeaugen, die zugleich geben und betteln.

Sie gaben ihm soviel Kredit, daß er es manchmal wagte, für einen kleinen Moment, beschämt zu sein, während sie dabei waren. Mit dem Januskopf von Jesus selbst: Retter und Schiffbrüchiger zugleich.

Nach soviel Bestätigungen wagte er es, die andere Seite auch zu zeigen. Neben der »besseren Mutter« das ängstliche Häuflein in der Nuß. Eli, Eli, lama sabaktani.

Die Folgen waren schwerwiegend. Er verlor die Masse seiner Fans. Er behielt nur einen kleinen Trupp von Freunden. Er schenkte ihnen eine halbe Träne. Die Stille seiner Ängste und nicht nur kluge Worte. Begrenzte Verfügbarkeit. Grenzen ohne Nuß: »Ich habe heute keine Aufmerksamkeit für dich.– Ich will jetzt allein sein.– Darf ich meinen Kopf auf deinen Schoß legen und nichts sagen? – Ich werde nicht hinter dir hergehen, wenn du wieder in die Wüste gehst.– Ich will vor dir bestehen dürfen, ohne dir etwas bieten zu müssen. Ohne den Messiasmantel, unter dem ich zusammenbreche.«

Nachschrift über Worte

Bei so vielen Wörtern auf Papier gerate ich in Verwirrung. Ich bin zugleich froh und beschämt.
Froh über die Dinge in diesem Buch, die nicht einfach nur mit Worten gesagt worden sind. Beschämt über Worte, die wie Nadeln lebendige Schmetterlinge aufgespießt haben. Fein säuberlich in einer Reihe. Ordentlich. Sie werden nicht mehr fliegen.
Tatsächlich gibt es keine Worte, um das auszudrücken, was ich beim Erfahren oder Wissen berühre. Um die Zusammenhänge zu sagen, die vor meinem dritten oder vierten Auge erscheinen. Die Realität, die ich in meiner Nähe strömen fühle, stirbt, sobald ich anfange, sie zu erklären. Fange ich an zu reden, stockt der Strom. Und ich fühle, wie ich selbst »weniger« werde dabei.

Mich selbst auf der Schubkarre aus so viel Worten zu befördern, ist eine heikle Aufgabe!

Ich rede. Ich denke. Ich schreibe. Ich drücke mich aus. Mich selbst weg? Und die Welt weg? Ich höre Menschen zu. Ich nehme sie bei ihren Worten. Wir kommen in eine Diskussion. Nach einiger Zeit merke ich, daß ich nicht mehr da bin. Und daß sie nicht mehr da sind. Worte werden zu einer Formel der Vereinsamung. Sie fangen an, ein selbständiges Leben zu führen, und dabei gibt es keinen Menschen mehr.

Es geht auch anders. Worte brauchen kein Greifer oder Ausdrücker oder Totdrücker zu sein. Sie können Finger sein um zu zeigen. Ganze Sträuße von Zeigefingern. Sie machen dich klüger. Weil sie zeigen. Auf das Geschehen. Auf Menschen. Sie haben die Farbe der Empörung, Abstand, Erstaunen, Nähe. Sie vertragen sich mit berühren und berührt werden, aber rühren selbst nicht an.
Sie zeigen auf das, was ist. Hier. Oder da. Sie lassen bestehen. Sie sprechen kein Urteil aus. Machen nicht mit bei der Kontrolle über Gut und Böse. Sie machen nicht ein.
Sie spielen Kinderspiele. Toben. Rufen: Eins, zwei, drei, ich komme. Klimpern mit einer Tasche voll Murmeln. Radeln auf dem Fahrrad durch die kleine Allee. Haben Angst vor großen Hunden.
Oder sie erzählen Geschichten. Von Dingen, die wirklich geschehen sind und von Dingen, die noch wirklicher sind als Geschehen. Sie zeigen auf Schwangerschaft, auf Werden, auf Geschehen.

So sind Worte, die Signale übersenden von Menschen zu Menschen. Nebelhörner. Lieder. Stöhnen. Das Tamtam eines unsichtbaren Verbündeten im Urwald. Mit-Atmen mit den Bäumen. Schweigen.
Ich kann mit dem allem nichts anfangen, ohne meine Mitmenschen mit einzubeziehen.

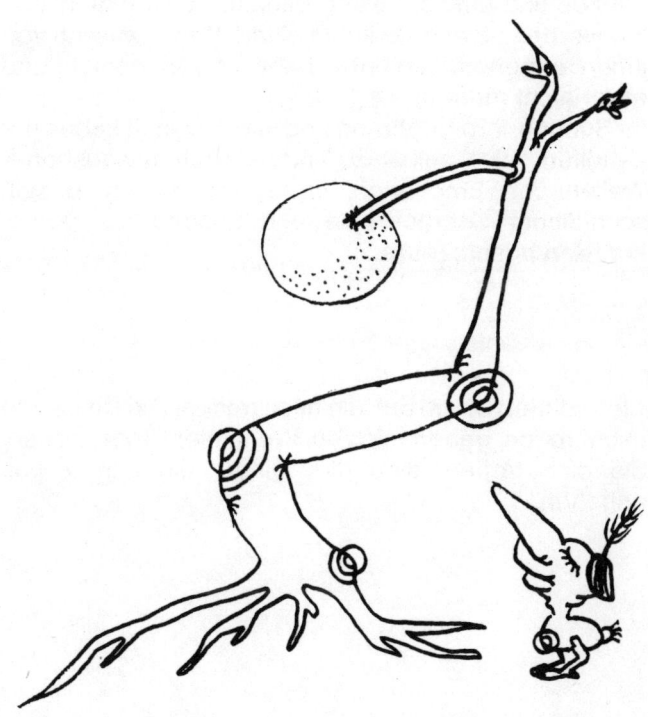

Quellenangaben:

Der erste Entwurf dieses Buches wurde auf einer Düne
auf Korsika geschrieben. Das klingt ferienmäßig. Ist
es auch.

Eine ganze Menge Studien sind vorausgegangen.
Aber vor allem sind Menschen daran beteiligt gewe-
sen. Bert zum Beispiel. Hanneke. Nurith. Kaatje. Libbe.
Ursel. Joos. Janneke. Marco. Lex. Laura. Meine Kolle-
gen im Team. Studenten verschiedener Richtungen.
Klienten. Leidensgefährten.

Und weiter: Leute, die auch schreiben oder geschrie-
ben haben. Antoine de Saint-Exupéry, Marx, Freud,
Perls, Lancan, Duhm, Althusser, Frère, Laurent de la
Trinité, Lorenzer, Dahmer, Marcel, Juan de Yepez,
Teresa de Ahumada, der anonyme Schreiber von »The
Cloud of unknowing«, Garandy, Mandel, Mattheus,
Markus und Lukas, Kwant, Bachelard, Fortmann. . .

Sie werden nicht oder kaum zitiert. Denn, was ich von
ihnen aufgenommen habe, habe ich verinnerlicht und
es ist nicht mehr ihres.

Ihr Suchen, ihre Erfahrung und ihre Weisheit haben mir
geholfen, mich selbst zu finden inmitten haushoher
Wellen von Emotionen, wirrer Phantasien, gesellschaftlicher Schrecknisse und chaotischer Demo-
kratisierungsprozesse.

– Ich schrieb Dinge auf, die mich treffen. Die Dinge, die
mich treffen, gehen mich an. Wenn hier Dinge stehen,
die dich treffen, sind das Dinge, die dich etwas
angehen.

Bruno-Paul De Roeck

Gras unter meinen Füßen

Gestalttherapie für jedermann
96 Seiten, broschiert,
2. Auflage, DM 14,80

Kaum einem Fachautor ist es ge-
lungen, aus eigener Erfahrung
für jedermann so verständlich
darzustellen, was diese Therapie
für Menschen bedeuten kann,
die sich und ihre Beziehungen
besser verstehen möchten.

Es ist ein Buch der Lebenshilfe, dessen Konturen entstanden
sind in der täglichen Praxis des Autors, seinen Gesprächen mit
suchenden und leidenden Menschen, seiner Einsicht in die
Grundzüge der Bedürfnisse bei Menschen unserer Zeit.

„Gras unter meinen Füßen" ist eingeteilt in leicht faßbare, ver-
ständliche Einheiten; der Selbstfindungsprozesse, der Neu-
rosenbeschreibungen und der Konflikte, der Grundzüge der Gestalttherapie, der Therapie als Pädagogik gegen Frustration. In
einem Schlußkapitel umreißt der Autor den Bereich des Glau-
bens und des Glaubensverlustes und gibt beispielhafte Erklärun-
gen der tiefenpsychologischen und moralischen Dimensionen.
Er verläßt nie den Rahmen einer verständlichen Sprache und nie
den einer warmen menschlichen Ansprache an den Leser; so
vermittelt er mehr als ein Stück Fachwissen.
Er leistet Lebenshilfe.

Burckhardthaus-Verlag 6460 Gelnhausen · Postfach 1440

In der Reihe 8–13 sind folgende Bände erschienen und noch lieferbar
(beim fortlaufenden Bezug sparen Sie ca. 20%):

**Geschichten und was man
damit machen kann**
192 Seiten, kt., DM 17,–

**Lieder und was man damit
machen kann**
176 Seiten, kt., DM 19,–

Kinder spielen Geschichten
168 Seiten, kt., DM 18,–

Wir machen eine Zeitung
148 Seiten, kt., DM 18,–

**Jeans-Bücher zum
Selbermachen**
Leiterexpl., 160 S., DM 18,–

Handbuch für Gruppenleiter
376 Seiten, geb., DM 34,–

Freizeiten mit Kindern
208 Seiten, kt., DM 19,–

Konflikte in der Kindergruppe
160 Seiten, kt., DM 18,–

Glauben in der Kindergruppe
184 Seiten, kt., DM 18,–

Feste in der Kindergruppe
144 Seiten, kt., DM 19,–

Den Frieden erklären
176 Seiten, kt., DM 19,–

Zärtlichkeit und Wut
144 Seiten, kt., DM 19,–

**Ich will dir vom Frieden
erzählen**
96 Seiten, kt., DM 13,80

In und mit der Natur (1983)
160 Seiten, DM 19,–

Die Stadt erleben (1983)
ca. 160 Seiten, ca. DM 19,–

Burckhardthaus-Verlag 6460 Gelnhausen · Postfach 1440

Preisänderungen vorbehalten